# 雷锋文稿

湖南雷锋纪念馆 —— 组织编选

雷锋 著

湖南人民出版社·长沙

## 《雷锋文稿》编选委员会

余旭阳　邹　文　廖志军　刘红梅　张璐琪
文科金　郑惠君　肖　婷　张　欢　唐　圣
胡　倩　付汝佳　张宏贝　赵晓雨　谭婉婷
邓　琦　侯依晗　高红波　高洪龙　朱　莹
侯佳蕾　沈怡辰　姚　群

雷 锋
(1940.12.18—1962.8.15)

## 编选说明

2023年是毛泽东等老一辈革命家为雷锋同志题词60周年，为进一步宣传弘扬雷锋精神，我们依托湖南雷锋纪念馆长期以来收集整理的相关资料，参考多年来全国各地公开出版的文献资料，集中力量编选了本书，力求以这样一部文稿作品集成，全面展现雷锋在望城、在鞍钢、在军营的文字创作、思想成长、精神淬炼。

关于本书的编选体例，作如下说明：

一、全书共收录雷锋日记175篇、眉批60条、诗歌32首、小说3篇、文章20篇、讲话24篇、书信15封、赠言37条。

二、本书主要依据公开出版的雷锋作品相关图书，进行文稿参校比对，如不同篇目内容完全相同，则仅存其一，如部分重复，则同时收录。

三、文稿作品按照发表或创作时间排列，时间尽可能具体到日，日不可考者，具体到月，月不可考者，具体到年。如虽不能确定具体创作日期，但能明确创作时间先后，则按先后顺序编排。

四、为尊重文稿原貌，凡可查雷锋手稿者，均对照手稿进行文字识读，由于笔误口误、转录失真或回忆不准造成的表述差异，原则上不作改动，仅作必要的编辑处理。个别字词、标点明显讹误，或与现行规范用法不同者,均作修改,不特别说明,疑似错字漏字则以括号形式补充。

在编选过程中,我们参考了诸多专家学者与相关单位的研究成果,在此一并致谢!曾参与解放军总政治部组织的雷锋日记和雷锋故事编撰工作的邢华琪为本书提供了部分资料,《雷锋》杂志社总编辑、解放军报原副总编辑陶克对本书的编选体例给予了悉心指导,两位专家均对书稿进行了细致审读,在此特别感谢!

总体而言,本书既体现新时代出版要求,又以文稿形式彰显雷锋精神的孕育与实践。限于编者水平,本书可能存在失误不当之处,敬请读者批评指正。

编 者

2023年3月

# 目 录
CONTENTS

## 望城之声
（1940年12月18日—1958年11月11日） / 001

**日　记** / 002

- 1958年 / 002

**诗　歌** / 005

- 啄木鸟（1957年） / 005
- 以革命的名义（1957年12月） / 006
- 人定胜天（1958年4月） / 007
- 我的感想（1958年5月） / 008
- 排渍忙（1958年6月） / 009
- 南来的燕子（1958年8月1日） / 010
- 台湾（1958年8月） / 014
- 党救了我（1958年9月） / 016
- 歌颂领袖毛泽东（1958年9月） / 019

小　说　/ 020
- 小说短章（1958年1月）　/ 020
- 茵茵（1958年8月）　/ 022
- 一个孤儿（1958年10月）　/ 028

文　章　/ 043
- 美丽的团山湖（1958年3月10日）　/ 043
- 我学会开拖拉机了（1958年3月16日）　/ 044
- 诗歌札记（1958年7月）　/ 048
- 决心书（1958年11月7日）　/ 049

讲　话　/ 051
- 在少先队干部学习会上的发言（1955年5月4日）　/ 051
- 在荷叶坝完全小学毕业典礼上的发言
  （1956年7月15日）　/ 052
- 在望城县下放干部总结表彰大会上的发言
  （1958年6月6日）　/ 054

书　信　/ 055
- 给小凌的信（1958年6月）　/ 055

赠　言　/ 056

## 鞍钢之音
（1958年11月12日—1960年1月7日） / 061

### 日 记 / 062
- 1959年 / 062
- 1960年 / 070

### 诗 歌 / 071
- 翻车机（1959年2月2日） / 071
- 可爱的工厂（1959年） / 073
- 誓言（1959年） / 075
- 荒山荡碧波（1959年） / 076
- 诉苦会（1959年） / 077

### 文 章 / 079
- 我学会开推土机了（1959年2月24日） / 079
- 我决心应召（1959年12月10日） / 082

### 讲 话 / 084
- 在授奖大会上的发言（1959年9月） / 084
- 在化工总厂大会上的发言（1959年） / 085

### 书 信 / 087
- 致姑嫂城公社领导的信（1959年12月13日） / 087

### 赠 言 / 088

## 军营之歌
（1960年1月8日—1962年8月15日） / 091

### 日 记 / 092
- 1960年 / 092
- 1961年 / 112
- 1962年 / 157

### 眉 批 / 198
- 学习毛泽东著作书眉笔记（1960年1月—1962年8月） / 198

### 诗 歌 / 211
- 永远学习黄继光（1960年1月9日） / 211
- 自己题（1960年1月18日） / 213
- 唱支山歌给党听（1960年1月） / 214
- 穿上军装的时候（1960年3月） / 215
- 力量从团结来（1960年3月9日） / 216
- 革命需要（1960年） / 217
- 学好主席书（1960年） / 218
- 练兵（1960年） / 219
- 一家人（1960年） / 220
- 新旧社会对比（1960年） / 221
- 还有后来人（1960年） / 223
- 跟着党走（1961年4月） / 224
- 参加市人代会有感（1961年8月） / 225
- 困难不可怕（1961年） / 226
- 一颗红心献给党（1962年2月13日） / 227

- 我永远是党的忠实儿女（1962年2月26日） / 229
- 百炼成钢（1962年3月） / 230
- 宁愿（1962年8月7日） / 231

## 文　章　/ 232

- 敢想敢做的人（1960年1月） / 232
- 人的主观努力可以克服困难（1960年） / 233
- 我们青年要立下四个志气（1960年6月16日） / 234
- 积少成多　滴水成河——记傅长奇爱护国家财产的事迹（1960年9月24日） / 235
- 看了《和美国记者安娜·路易斯·斯特朗的谈话》的感想（1960年12月18日） / 237
- 做毛主席的好战士（1960年12月） / 239
- 永远做毛主席的好战士（1961年1月1日） / 243
- 怎样对待困难（1961年1月18日） / 244
- 苦甜观（1961年1月24日） / 247
- 自我鉴定（1961年9月10日） / 250
- 入党转正申请书（1961年9月19日） / 251
- 工作方法（1961年12月2日） / 255
- 做一个有益于人民的人（1961年） / 256
- 精通业务　熟练技术（1962年2月1日） / 260

## 讲　话　/ 263

- 在工兵第十团欢迎新兵大会上的发言（1960年1月8日） / 263
- 解放后我有了家　我的母亲就是党（1960年9月） / 264
- 在聘请校外辅导员大会上的发言（1960年10月10日） / 274

- 忆苦思甜（1960年11月5日）／275
- 在沈阳师范学院的讲话（1960年11月5日）／285
- 在沈阳军区工程兵政治工作会议上的发言

  （1960年11月8日）／288
- 和战友谈改正错误（1960年11月26日）／289
- 在全团授奖大会上的发言（1960年11月27日）／290
- 对同学们的希望（1960年11月）／292
- 一辈子学习毛主席著作（1960年）／294
- 从一个孤儿成长为一名解放军战士（1960年）／302
- 在辽宁省实验学校的讲话（1961年1月5日）／312
- 在沈阳军区工程兵部队第六届团代会上的发言提纲

  （1961年4月29日）／317
- 对少先队员们讲纪律（1961年6月）／319
- 在抚顺市第四届人民代表大会上的发言

  （1961年8月5日）／320
- 在辽宁省暨沈阳市青年联欢会上的讲话

  （1962年2月）／323
- 做个优秀的辅导员（1962年6月29日）／324
- 在望花区军烈属、复员退伍军人代表大会上的发言

  （1962年8月1日）／327
- 雷锋报告录音 ／329

## 书　信 ／333

- 致中共辽阳市委的信（1960年8月28日）／333
- 给抚顺市西部职工医院伤病员的慰问信

  （1960年10月5日）／337

- 给战友的信（1961年1月18日） / 338
- 给建设街小学全体少年朋友的信（1961年1月） / 341
- 一封祝贺信（1961年2月15日） / 342
- 一封慰问信（1961年2月16日） / 344
- 给荷叶坝完全小学的信（1961年4月2日） / 346
- 给曹进财等同学的信（1961年6月4日） / 347
- 给郑树信的信（1962年3月10日） / 349
- 给文淑珍的信（1962年3月18日） / 351
- 给郑树信的信（1962年4月12日） / 352
- 给王元朝的信（1962年5月9日） / 354
- 给雷明光的信（1962年6月26日） / 356

**赠　言 / 359**

# 雷锋生平年表 / 364

# 参考文献 / 368

# 望城之声

（1940年12月18日—1958年11月11日）

# 日 记
RIJI

## 1958 年

### 6月7日

……如果你是一滴水,你是否滋润了一寸土地?如果你是一线阳光,你是否照亮了一分黑暗?如果你是一颗粮食,你是否哺育了有用的生命?如果你是一颗最小的螺丝钉,你是否永远坚守着你生活的岗位上?如果你要告诉我们什么思想,你是否在日夜宣扬那最美丽的理想?你既然活着,你又是否为未来的人类的生活付出你的劳动,使世界一天天变得美丽?我想问你,为未来带来了什么?在生活的仓库里,我们不应该只是无穷尽的支付(取)者。

### 6月×日

读《浮沉》以后,这本书给了我深刻的印象,通过沈浩如和简素华的恋爱故事教育了我。我认为简素华的那种坚强不屈的意志,那种高尚的共产主义风格,那种克服困难的决心和信心,那种艰苦朴素的工作作风,对群众那样的关怀,这位女同志是值得我学习的。沈浩如同志是一个有严重资产阶级意识的人,处处只为个人打算,怕吃苦,他那些可耻的行为,我坚决反对。

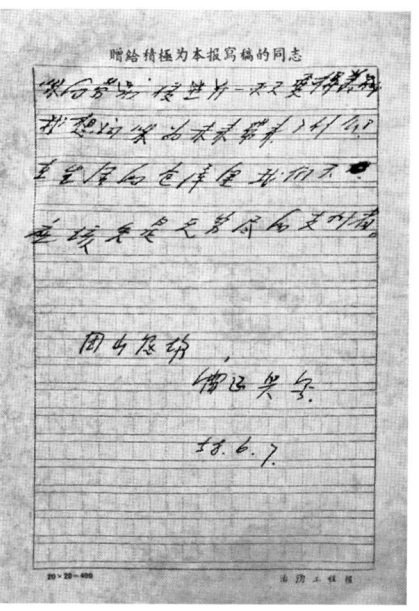

雷锋《你带来了什么》手稿

## ×月×日

一、保证克服一切困难，勤学苦练，早日学会技术。

二、保证破除迷信，大闹技术革命。

三、保证维护好机械，做到勤检查，勤注油；保证全年安全生产，不出机械和人身事故。

四、保证以冲天的革命干劲，以百战百胜的精神，苦干、实干、巧干，超额完成生产任务。

五、保证百分之百地参加学习和各种会议，以求得政治、文化、技术各方面的提高。

六、保证做好社会宣传工作，敢想、敢说、敢干，发挥一个共青团员应有的热能。

# 诗 歌
SHIGE

## 啄木鸟
### （1957年）

把自己当作啄木鸟吧！
用辛勤而艰苦的劳动，
为万木除病灭害，
使树长得挺拔参天。
绿化原野，
造福人类！

千万别把自己比作鹦鹉鸟啊！
成天只会学舌别人
为少数人——富豪们，权贵们，
赏心悦目，
对广大的劳苦大众，
不给一丁点儿什么，
不做些微贡献。

## 以革命的名义
（1957年12月）

以革命的名义，
想想过去；
以革命的精神，
对待现在；
以革命的志气，
创造未来。
　　　　　　——于治沩工程指挥部

## 人定胜天
（1958年4月）

人定胜天是真话，
鼓足干劲力量大。
多快好省齐向前，
决心要把英美赶。

——于团山湖农场

## 我的感想
（1958年5月）

毛主席啊像父亲，
毛主席思想像太阳。
父亲时刻关怀我，
太阳培育我成长。

——于团山湖农场

## 排渍忙
（1958年6月）

垄中清水似汪洋，
英雄排渍日夜忙，
稻田绿遍水排尽，
活活气死老龙王。

——于团山湖农场

## 南来的燕子
（1958年8月1日）

南来的燕子，
新来的候鸟，
从北方飞到了南方。
轻盈地掠过团山湖上空，
闪着惊异的眼光。
我分明听清了呢喃的燕语，
像在问："为什么荒芜的团山湖，
今年改变了模样？"

南来的燕子啊！
让我告诉你吧，
团山湖这片未开垦的处女地，
是由于党的巨大力量，
才围垦成一个新的农场。
是他们——农场工人们，
用勤劳的双手，
给团山湖换上了新装。

南来的燕子啊！
也许母燕曾向你说过旧时的形象。

往日的团山湖——
湖草丛生，满目荒凉，
洪水一到，一片汪洋。
十年前有人三次收款，三饱私囊，
围垦团山湖只是一个梦想。
如今的团山湖啊——
良田万顷，满垄金黄，
微风吹过一片稻香。
新修的长堤像铁壁铜墙，
洪水已再不能逞凶逞狂。
红旗插在社会主义的农场，
到处是谷满仓、鱼满舱，
祖国又添了一个"鱼米之乡"。


南来的燕子啊！
你可不用惊呆。
不是晴天里响起了春雷，
而是拖拉机在隆隆地开；
不是沟渠里的水能倒流，
而是抽水机在把积水排。
为什么草坪上格外喧腾？
那是饲养员在牧马放牛！


南来的燕子啊！
你是这样轻快地飞翔，
许是欣赏这美丽的景象：

蜿蜒的八曲河像一条白银管，
灌溉这片肥沃的土地，
团山湖与乌山对峙，
是天生成的一幅屏障。
这景象是诗情也是画意，
活跃在这诗画般怀抱里的工人，
更是些生龙活虎般的健将。
有的是双手拿惯了锄头，
有的是才放下笔杆才放下枪。
他们豪迈地这样说：
这是一所新的国营农场，
也是一所露天工厂，
还是一个培养红透专深人才的学堂。

南来的燕子啊！
你不用再寻旧时代的屋梁，
无论你飞到哪里，
再也找不着你从前住过的地方。
去年这里是荒凉的地方，
今年变成了高大的厂房，
欢迎你到新的农场宿舍来拜访。
但得请你告诉我，
你可知道你所飞过的地方，
…………
新建了多少这样的农场？

——于团山湖农场

诗歌《南来的燕子》手稿

## 台 湾
（1958年8月）

我不是个音乐家，我不会歌唱，
我也不是个作家，我更不会朗诵，
可是我的心正在燃烧，正在激荡！
它已长上了翅膀，到处地飞翔，
越过那起伏的高山峻岭，
飞过那碧波万里的海洋，
飞向那遥远的地方。

台湾——
自古来就是我国的领土，
是我们最可爱的家乡。
那里有着无限的珍宝，
埋藏在那宽大的胸膛。
一片黑黝黝的森林呵，
可以盖上那千万座高大的楼房；
遍地耸立着粗壮的甘蔗，
制造出许多雪白的方糖；
那鲜嫩的乌龙茶叶，
称名于国际市场；
那盛产菠萝和香蕉的园林呵，

吐露着扑鼻的清香；
那一年两熟的蓬莱米呵，
做起饭来焦黄喷香；
煤呀、铁呀更是不可计量……
台湾人民世世代代、子子孙孙，
热爱生活，热爱自己的家乡。
——于团山湖农场

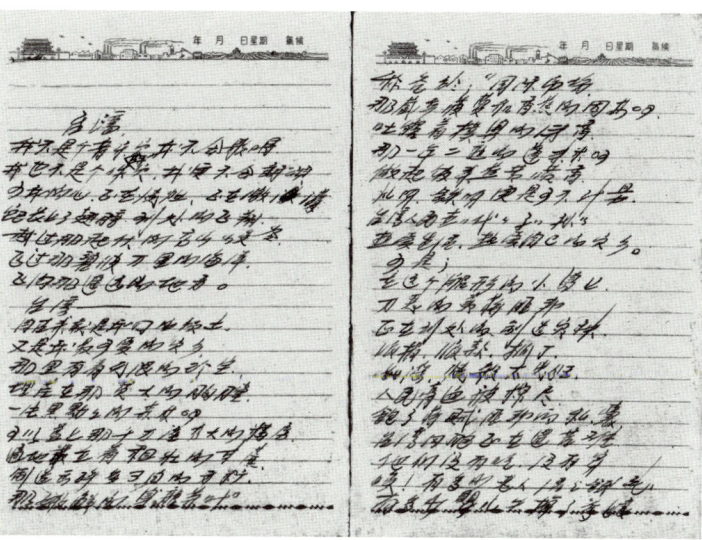

诗歌《台湾》手稿

## 党救了我
（1958年9月）

一九四四年的三十晚上，
没有月亮，无星光，
只听一声炮响，
鬼子进了我们桥头村庄。

它们像一群万恶的野兽，
抢走了粮食，夺走了猪羊，
烧毁了我们的房屋，
血洗了咱们的村庄。

…………

剩下了七岁的我，
只好到处流浪。
…………

夜里找不到住地，
就睡在人家屋角的阶台上。
冬天在梦中冻醒，
那结了冰的破衣刺骨钻心；

夏天躺着，两手双脚不能停，
那长脚的毒蚊子，
咬得痛心，满身发肿通红；
秋天一到，
痢疾拉得真不像人；
春天不冷也不热，
那暴雨飘上台阶淋湿我浑身。
这悲惨的生活，
使我真不想活在人间……

霹雳一声巨响！
东方升起了红太阳。
呵！伟大的中国共产党，
您把我拯救，
把我抚养，
把我送进工农子弟的学堂。

冬天区委陈书记买给我新棉衣，
夏天他买给我蚊帐和汗衫。
若我有一点小病，
陈书记的心啊，
一刻也不能安宁，
比失掉了双手、眼睛还心疼。
我戴上红领巾的那天，
他赠给我金星钢笔，
买给我果糖。

难忘的一九五六年最后一天，
我站在团旗下面，
举起了右手向团宣誓。
我念完了高小，
踏进了望城的县委机关，
我要好好工作、听党的话，
为祖国发出热和光。
　　　　　——于中共望城县委机关

## 歌颂领袖毛泽东
（1958 年 9 月）

河流奔腾向海洋，
海上升起了红太阳。
伟大的领袖毛泽东，
领导我们走向胜利和解放。
您领导我们生产建设，
把困难贫穷埋葬。
您领导我们战胜敌人，
把祖国变得繁荣富强。

——于团山湖农场

# 小 说
XIAOSHUO

## 小说短章
### （1958年1月）

### （一）

三月间，一个晴朗的日子，姑娘们你伴我、我叫她，成群结队地奔上山岗，到处寻找各种野菜。她们是多么快乐啊！

她们每个人都像飞出笼的鸟儿，嘻嘻哈哈地说说笑笑，打打闹闹，唱着自己编的山歌儿……

### （二）

你看那晚冬的拂晓，白雪蒙地，寒气钻骨，干冷干冷的。在那宽阔的土地上，青年们响亮的歌声，冲破黎明的寂静。你看那青年男女，健美英俊，燕子一般，如涛似浪，干得热火朝天。还有一群青年们，无不欢欣鼓舞，到处哼唱着"千年的铁树开了花，万年的枯枝又发芽"，一片洪亮的歌声……

### （三）

随着夜的降临，雨也下来了。开始是几颗雨星，渐渐增多，变大，一会儿就变成倾盆大雨了。天黑得伸手不见五指，两个人相对碰着鼻尖也难看清脸面。在这样滂沱的雨夜里,路上一个行人也没有,已是下半夜了……天晴了,雨后的早晨分外爽快,大地散发出潮润清凉的气息。太阳出来了,一层淡淡的朝霞,照耀着一片新生气象。而山根下的那条河流,冲着泥沙,后浪推着前浪,正在急急忙忙地向西奔流……

——于治汾工地

## 茵 茵
（1958年8月）

严寒的冬天，地上落了深雪，河里结了厚冰，刺骨的冷风阵阵吹来，似乎不许人再工作似的。

但那勤劳勇敢的一万八千多名钢铁战士，不怕千辛万苦地和冰雪战斗。人山人海，挑土筑堤。那挑战的喊声，加油的口号声，打夯的号子声，还有小学生们来慰问时的鼓声，混合一起，响彻云霄。人们为了根治沩水，修筑长堤，忘记了寒冷和疲劳，甚至忘记了自己的生命。

茵茵就是这样的。提起这位年轻的女同志，人们都要感动得流下热泪。她是一个共产党员。她那结实的身体，勤劳的双手，还有那晒黑的脸儿，清秀的头发，活泼的眼睛，真使人敬慕。她穿着一件黄棉衣，脚上是草鞋。据说，黄棉衣是她哥哥从部队复员后送给她的，草鞋是她自己打的，打得很漂亮。

茵茵担任了治沩青年突击队的队长。那场暴雨之后，新堤突然决口了。茵茵领导青年突击队去完成堵口的任务。决口处有七八尺宽，水深过丈，流速很急，水上还漂着冰块，堵口任务十分艰巨。茵茵她们跳进冰冷的水里，打桩、投石、搭桥、挑土……水被堵在堤外，她们的衣服却都湿透了。回到工棚里，茵茵烧了一堆火，让大家围着取暖、烤衣服。茵茵忙前忙后的，没有顾得上烤火，只把衣服脱下来，搭在竹竿上想让风吹干。可是，第二天早起，她的衣服不仅没吹干，天冷反而结了冰，穿在身上还掉冰碴呢！茵茵不顾这些，穿上它又领着大家到堵口工地去战斗，终于完成了党交给青年突击队的任务。

茵茵今年只有十九岁，既聪明又勇敢，什么困难都不怕，什么活都能干。

堵口任务完成后，又一连下了三天雨，堤内堤外全是水，不能在湖内取土筑堤了。工地指挥部党委采取了措施：调来了十部抽水机，日夜不停地抽出湖内的积水。就在这时候，一个看管抽水机的同志病了，不能坚持工作了。怎么办呢？领导上想到了茵茵，她是个初中毕业生，还学过内燃机，对机械原理和构造是熟悉的。于是，领导上决定调她去管理一段抽水机。茵茵愉快地接受了这个光荣的任务。

茵茵高高兴兴来到抽水机站，一连工作几天都很顺利。一天夜晚，她看到工地上的电灯、煤气灯，以及用竹子做的火把，把新修的长堤照得通亮，民工们好像在夜花园里工作一样。灯光亮，民工干活就安全了，进度也快了。茵茵高兴得随着抽水机声唱起歌来。她歌唱劳动的愉快，歌唱幸福的生活，歌唱美好的将来。茵茵唱着唱着，抽水机突然出了毛病，一条胶管不喷水了。她冷静地想到：抽水机没停转，一定是水管出了毛病。如果把机器停下来，就会影响整个工地的工作。她决定下水修理，立即脱掉棉衣，奋不顾身地跳进冰冷的水中，把堵在水管里的石块掏出来。坚持干了半个多钟

<u>赠给积极为本报写稿的同志</u>

### 茵茵

一个严寒的冬天，气下几厘二十多度，地上河里都凝结了七八十寸的冰块，到有的公社一挥之政夫，把冰开口挖。

那数万多雄壮的一万八千具有钢铁的战士，不怕千辛万苦地与冰斗战斗，民工们有的挖土、有的扛筐提，那人山人海像蜂飞一样东一批西一批地干……那喊机械的响声，那喊加油声音，那叫喊声啊歌，那小伙生们来二地魅同打冰斗争歌舞。响彻了天空。人们在这抬场合工忘记了寒冷。为了人民的幸福而在这里忘记自己的生命。

说起茵茵这位同志，人们都会感到得佩下来目。她是一个共产党员，是走群众路线最以从做，她从手着以身作则带手去呀着的英雄到。二次受调这以来完成省着的任务，旧有一回公民实，住房子有水，后门盖活了水，化用与小一切国难和冰斗争着，再刻工火斗伤，搭桥处……。大灰的衣服都浸湿了，晚止回到了家里，大灾都换个干衣服，茵茵为了给以灾们把衣服

治汾工程报

小说《茵茵》手稿

头,水管终于又喷水了。

上了岸,茵茵冻得直打哆嗦。她穿上棉衣坐在机器旁,实在是疲倦了,瞌睡了。迷迷糊糊的,她手一动,不料被转动的皮带夹住了!她猛一惊醒,手夹在皮带里抽不出来,疼得她变了脸色,高呼:"救命!救命!"

恰好这时有两个民工经过,听到呼救声,急忙跑进抽水机站,只见一位女同志倒在机器旁,一只手给皮带夹断了。皮带还在转动,茵茵的血染红了机器。两位民工不懂机械,不知拉断电闸,却手忙脚乱地用扁担打抽水机,想打停它救人。

茵茵挣扎着,痛苦地说:"你们不要打机器,那是上万元钱买来的呀!"

两个民工问:"那可怎么办?"

茵茵坚强地说:"拉我!"

两个民工咬着牙,终于把茵茵还连着部分血肉的手臂拉了出来。这时,茵茵已经痛得失去了知觉。

同志们赶来,把她送进了县医院。经医生十多天的细心治疗,她的断手伤势慢慢好了一些。指挥部党委书记亲自去看她好几次,安慰她、鼓励她。同志们也都非常关心她、体贴她,给她送去鸡蛋、水果……

茵茵十分感激党和同志们对她的关怀和照顾。她忍着伤痛,在病床上给大家写了这样一封信:

"亲爱的同志们,每每当你们来看望我、安慰我时,给了我多么大的力量啊！我感谢同志们的关怀，感谢党给予我的温暖和鼓励。为工作受了一点伤，这算不了什么，你们不要为我分心。筑堤围湖是为了人民的幸福，我为它负点伤是光荣的。现在我还没有牺牲，就是牺牲了也是光荣的。我还有一只手，我还能工作哩！还能为祖国的社会主义建设贡献一点力量。现在，我在病床上坚持学习，我要努力做个又红又专的共产主义战士。等伤好了以后，再和你们见面，再和你们共同劳动。"

一个月后，茵茵治好了伤，回到新建的农场工作。领导上为了照顾她，让她回家休息两个月。可是，茵茵不肯休息。少了一只手不能干别的，她要求给农场饲养两头大黄牛。

她每天早起晚睡，精心饲养两头牛。一天傍晚，她牵着牛出去吃草回来，走到半路上，那头大黄牛突然停住脚步，随你怎么拉，它也不肯走。茵茵急了，眼看天要落雨，过路的人有的都脱下衣服盖在怕打湿的东西上。茵茵想：这只牛也是怕雨淋着吗？于是她脱下自己的上衣披在黄牛背上。天黑了，一阵大雨落了下来。这时，农场的小王跑来接茵茵。小王看见茵茵浑身给雨水打得透湿，黄牛背上却披着茵茵新做的蓝花衣裳，小王被感动得流下了热泪，立即脱下自己的上衣给茵茵穿上了。茵茵微笑着，牵着两头大黄牛在雨中慢慢地走着。小王在后面赶着那头不肯迈大步的牛。

回到场里，那头在路上不肯走的牛病了，倒在牛栏里。茵茵非常着急，急得她晚饭都忘了吃，跑到畜牧站叫来了兽医。兽医诊断后留下一些草药,说是不要紧。那天晚上,茵茵就守在病牛身边,抚摸它,侍候它,喂药给它吃。两天以后,大黄牛好了,茵茵也高兴得跳起来,虽然她熬红了眼睛。

茵茵除了喂好两头牛,在春耕大忙季节,还同大家一起用她仅有的一只手扯草、拾粪、插秧、种玉米……她真能干呀!

她还用科学方法种了一块试验田呢!她有很大的决心和信心,争取粮食丰收。农场的人都非常喜欢茵茵,大家说:"今年秋收后,我们要送茵茵上北京。"

# 一个孤儿[①]

### （1958年10月）

听说李斌调来我们国营团山湖农场工作，我真是高兴极了。在小学里我和他是同学。因他也是一个可怜的孤儿，我很同情他，把他当作我的小弟弟看待。

## 相　会

2月26日，乌云布满了天空，天上的电火也闪了起来，春雷轰轰地响着，雨呀、风呀一齐到来了。树枝吹得弯弯的，高山上的水往低处奔流，一会儿，小溪里、小河里的水都灌满了，直向大河流去。

为了今年农业大丰收，为了抓时间抢季节，我和拖拉机手老陈、老李、老温等一同驾驶着拖拉机到地里工作。农场里的工人们也都拿着锄头出发了。我们的车子开上了新堤，这时我突然感到仿佛有人在喊我似的，可是我还听不清楚。我想也许是大风吹的声音吧！机器的响声使我听错了么？我仍开着车子走。车轮没滚上几圈，好像又有人在喊：正兴哥，等一等；正兴哥，我就来了。我想这下可真的有人在喊我，一定没有听错。我停住车，立刻向四面张望，忽然看见前面有一个人挑着行李，头戴斗笠，打着赤脚。那人走路好像跳舞一样，摇摇晃晃的。我两眼直盯着那人，可是猜不出

---

① 本文是雷锋创作的自传体小说。

是谁。

我想着，那人是小李么？不，他在望城县委会工作了两年，党委对他那么地关心，再加上他年纪轻（十七岁），这样不好的天气不会要他来。我又想：他在县里工作了两年，一定买了伞和雨鞋，不会戴斗笠打赤脚。左猜右猜怎么也猜不着。越走越近了，只离得五十来步远，这下我才认清了，原来就是李斌。我以上的那种猜想为什么那样糊涂呢？李斌微笑着，和我亲热地握手。我笑着说："李斌，你还和过去那样朴素啊！个子可长高了些。"他高兴地对我说："正兴哥，我为了响应党的号召，党为了培养我们又红又专，我迫切要求到农村参加劳动锻炼。今天党委批准了我下放到农场当新式农民，我真有说不出的兴奋。上午10点钟我就办好了手续，准备来农场。后来县委张书记找我谈话，指引了我前进的方向。县委会的全体干部同志为我们下放的同志开了一个欢送会。我真感谢党和同志们对我的亲切关怀和照顾！我全身像有一股股的暖流在沸腾！那些英雄人物在不断地鼓舞着我。领导上留我在机关休息两天，我怎么能休息呢？所以我今天就冒着风雨赶到农场来。

"正兴哥，我这次下放，一定要大干一场！准备出几身黑汗！打几个泥滚！宁愿少活十年，也要把农场建设好！争取在农业战线上立功当模范！"

我把他送到场部，把介绍信交给了李场长。李场长看完了介绍信，就笑着和李斌握手，互相问好。然后李场长安置他在第四工区参加生产。李场长要他好好休息一天。可是李斌呢，把东西往四工区宿舍一放，就扛起锄头和工人一起参加生产去了。我也跑步往工地上班去了。

没几天，我就听见工人反映说：李斌不错，大家都敬佩他。他和工人在一起生产的日子久了，大部分工人都纷纷反映到场部。领导说李斌吃得苦，积极肯干，关心工人，能团结互助，有高度的阶级觉悟。李场长给予他表扬和鼓励，我也感到非常高兴。

李斌经过场部领导的几次表扬和鼓励，他更加积极了。这时他在技术革新上也有了成绩。在党的正确领导下，由于大家的帮助和他自己的苦学苦钻，在一个月里创造了一部畜力播种机，提高工效二十倍。

由于他积极肯干、刻苦钻研，领导上就调他来拖拉机站学习驾驶拖拉机。我真高兴极了，叫他和我开一台机车，我告诉他操作、保养、修理……由于他虚心、苦学、苦练，在三个月里就学会开拖拉机了。

一个星期日下午，我和他一同到花园散步。我们在花园里的一棵大树下坐下了。轻风把花的香味一阵阵吹来，使我们的精神更加愉快了。黄的、白的、红的、紫的花朵好像在向我们点头，向我们微笑。一会儿跑来一群小朋友，后面还跟着一个大人，是照相的。小朋友愉快地蹦蹦跳跳，还会唱歌哩！啊！原来他们都在学校读书，脖子上还系着红领巾呢！一会儿他们排好队，那个大人和他们照了一些相片。

李斌问我，能否和他一起照个相，我同意了。这时我突然记起：我小时候曾经还和他哥哥一起照过一次相，我留了一张，是否还在呢？我在日记本里翻着，找了好大会儿才找着，我给了李斌看。李斌看着他哥哥那瘦得像猴子一样的相片，低下了头，掉下了眼泪。回忆起他一家悲惨的生活，我也掉下了几滴热泪。

## 遭 遇

1942年，正是抗日战争时期，那时，可恨的蒋介石消极抗日，积极反共，到处杀人、放火、奸淫抢掠。长沙下来五十里地的地方，有一个胜利村，离我们桥头村只有五里。胜利村有三个地下党员，领导着全村人民和敌人展开顽强的斗争。经常把全村里的大地主抓出来斗争，斗争出来的胜利果实都分给了大家。

后来被我们桥头村的大恶霸地主"黄眼狼"知道了，他怕将来会受危险，也为了长期统治和压迫人民，于是就把胜利村的消息报告了日本鬼子。

在这年5月4日的深夜，人们睡得正甜，忽然外面传来一阵阵的脚步声、马蹄声，村子里的狗一下子也大声叫起来，把全村的人都惊醒了。这时，全村人都知道不好了，一定是日本鬼子来了。一霎时，果然外面喊："开门！开门！"把大门打得哗啦啦地响，有些人家的门被打得稀烂！鬼子一进村就到处搜查，翻箱倒柜打砸抢掠。老百姓看着这些鬼子抢自家的好点的衣物，拿自己劳动得来的血汗钱，抢着自己生产的财产……人们只好强忍着怒火泪汪汪地望着，不能说半个"不"字，一说你就会被日本鬼子打死。不但村内有鬼子在抢东西，而且村外还有鬼子包围着，不许乱动！

后来，日本鬼子把全村人都赶到一个大坪里，逼迫老百姓说出谁是共产党员，现在在哪里，可是没有人回答。一个鬼子军官凶恶地说："你们赶快说出来，不讲，我就要把你们全村人都杀光！"鬼子军官问了好大工夫，还是没有一个回答。鬼子就用残暴的手段在人群里抓出一个青年，强迫他说出谁是共产党员。青年不说，鬼子就用棍子打、皮鞭抽。这青年仍不作声，怒目而视。鬼子拿着刺刀向那个青年身上捅去，一下子鲜血直流。不管鬼子用怎样毒辣的手段，这青年还是牙关紧咬，一声不吭。最后鬼子没法可想，就在坪地里挖一个洞，把这青年推到洞里，就要活埋。只见那青年突然大声骂道："你们这帮小日本鬼子，总有一天要死在人民的手里，共产党一定会把你们消灭干净！毛主席万岁！中国共产党万岁！"

泥土埋到了他的胸膛，这时他喊不出声了，这位年轻的共产党员，坚强不屈地光荣牺牲了。他家里的人和全村的人都流下了悲愤的泪水。鬼子把那个青年害死后，见全村人还是没有一个人说话，就放火把胜利村烧着了。村子里有三个刚好一岁的孩子，被烧得哇哇大哭，牲畜被烧得嗷嗷直叫。凶恶残酷的鬼子走后，众人回到村里，只见一片烟雾冲天，东西被烧得精光。可恶的鬼子兵害得全村人妻离子散，上天无路，入地无门，逼得穷苦的人民到处逃难。

6月间，胜利村一户姓李的最贫苦的农民逃难到了我们桥头村，住在破庙里。

我对这户人家十分了解。他家有六口人，有一个非常伶俐的小孩叫李小毛，那年才四岁，他会唱几句歌子："三岁伢子穿红鞋，摇摇摆摆进学堂,先生咧,莫打我,我回去吃点奶再来……"他帮妈妈捡柴啦、扫地啦,看到人就喊"叔叔",他生得非常活泼可爱,只是营养不良,瘦得很。

小毛有祖父、爸爸、妈妈,日本鬼子活埋的那个坚强不屈的青年就是他哥哥,为了不连累全家,他至死也没有叫"爸爸""妈妈"。鬼子烧死的那三个一岁的小孩,其中有一个就是小毛的弟弟。他家穷得连一块瓦片也没有,住在那破庙里,就靠每天给人家做短工维持一家半饥半饱的生活。

1942年夏天,我们村子里遭到水灾,没有一家人叫他们做短工了。这样一来,生活过得更加痛苦,经常好几天见不到一粒米。他们只好在外面挖一些野菜、野草回来煮着吃。小毛全家人饿得前胸贴后脊梁。

这时我们村子里的大恶霸地主"黄眼狼",想让小毛的爸妈到他家做长工,于是就假装充善心,做好人,借给小毛家一石谷子。到了秋收的时候,"黄眼狼"就向小毛家要三石谷子(借一石要还两石利息)。这时,他家怎么还得起呢?全家人只好向"黄眼狼"说好话、求求情。好话讲了两箩筐,"黄眼狼"不听半句,只是说:"你们两公婆到我家去做长工,我就不要你家还谷子了。现在我家有二百多亩良田,我家住的是高楼大厦,吃的是大鱼大肉,全家有二十多个长工,有四个女工。我还有一个小老婆没有人伺候,我还想找两个长工,我看你们两个很合适,那你们就到我家里去吧。不去,就要还我谷子!"

小毛的爸妈被逼得没办法，只好到大地主"黄眼狼"家做长工。祖父带着小毛在家做零活。自从小毛爸妈去了黄家以后，家里生活更困难。小毛的祖父已七十多岁，做不得好多事。小毛的爸妈在地主家干活是顶三石谷子的债，没得一个钱拿回家。

小毛的爸妈到大地主家以后，一天到晚辛勤地劳动，但还是吃不饱穿不暖，还经常遭到大地主的毒打，生活还不如牛马。

1943年冬天，小毛的爸爸得了重病，回到了破庙里，小毛的妈妈也跟着回来。北风刮得呼呼叫，大雪纷飞，冰结得好厚，再加上小毛家住的是破庙，漏进许多雪，又没有饭吃，一饿一冻，小毛祖父也病了，和小毛的爸爸整天躺在床上。小毛的心像油煎一样，和妈妈只好到外面乞讨。那年头，穷人命都一样苦啊，即使两人在外讨回一碗饭，小毛和妈妈都舍不得吃，留给祖父、爸爸吃。小毛的祖父和爸爸怎么吃得下去呢？只好把饭四下分开，一人吃一口。正在这饥寒交迫的时候，大恶霸"黄眼狼"又到破庙逼迫小毛爸爸还谷子。这下可把小毛爸爸气坏了，他大声骂道："你这恶狼！我和我老婆在你家做了一年长工，一年到头辛勤地劳动，没得一文钱，也没吃过你家一餐饱饭。我累病了回家向你借几个钱看病，你呢？一个钱也没给，到现在你又来问我要谷子，借你一石谷子，你到底要还几石呢？我干脆没有还了。"

可恶的地主和狗腿子把小毛爸从病床上拖下来，用拐杖痛打。这时小毛的祖父从床上爬起来，小毛的妈也跑来。凶恶的"黄眼狼"使劲一脚，把小毛祖父踢倒在地上，口吐鲜血，一下子停止了呼吸。小毛妈妈被打倒在桌子旁边。小毛看着，放声大哭，伏在妈妈怀里喊："妈妈！妈妈！"一下又跑到爸爸跟前，抱着爸爸的头哭叫着："爸爸！爸爸！"爸爸使劲睁大了眼睛，望着小毛，张了张嘴，好像在说：孩子，爸爸不能……你要好好长大成人，为爸爸……报仇……说完闭上了眼睛。小毛又跑到祖父跟前，一连喊了几声祖父，听不到祖父作声，鲜血把祖父的衣服都染红了。小毛轻轻地用手巾把祖父脸上的血擦掉。他摸着祖父的鼻子，已没有出气和进气了。小毛害怕了，跑到妈妈跟前放声大哭起来。

妈妈听到小毛的痛哭声，才渐渐苏醒过来。起来一看，丈夫和小毛的祖父都死了，放声号啕，悲痛欲绝，头往地下碰了起来，一连晕倒三次。这样一来，小毛家更悲惨了，生活更难维持下去。小毛跟着妈妈到外面流浪，经常遭到富人的欺侮打骂，好几天讨不上饭吃，也没处安身。

1944年，小毛跟着妈妈又回到原来的破庙里。破庙里一无所有，妈妈经常面壁痛哭。

一天夜晚，没有月亮，没有星星，小毛睡着了。妈妈找了一根绳子，怕惊醒小毛，就小声地对小毛说："孩子，妈妈不能照顾你了，可怜的孩子，你要自长成人，一定要为你的祖父、爸爸、妈妈、哥哥、弟弟报仇！……"说到这，忍不住又伤心地痛哭起来，哭声惊醒了小毛。小毛看见妈妈在伤心地痛哭，也跟着哭起来。妈妈停住了哭，脱下自己的一件好一点的衣服，盖在小毛身上，叫小毛不要哭。一会儿，妈妈把小毛哄睡着了，自己用绳子吊着了,又看了一眼小毛,含着泪水小声地喊着:"小毛,小毛,妈妈去了……"

第二天早上,小毛从床上爬起来,只见妈妈用绳子吊着,他连忙跑到妈妈的尸体跟前,抱着已死了的妈妈放声大哭,直哭得说不出话来,沙哑了喉咙。这时,小毛才六岁,就成了孤儿。

后来,小毛的堂叔就把他带走了。

小毛的堂叔是一个老实勤劳的农民,起五更睡半夜,每年生产的粮食要给大地主三分之二,禾镰子上壁就没有饭吃。但叔叔对小毛很关心,把小毛当作自己的崽看待。……

过了一年,小毛已经七岁了。他婶婶就要他到一家姓唐的大地主家去放牛。小毛没办法,只好去了。他自到唐地主家放牛,那些富人都看不起他。因他是一个孤儿,穿着破烂的衣服,又黑又瘦。唐地主规定他看两头牛,还要他挑水、扫地,打洗脸水、洗脚水,吃饭时要小毛装饭。地主一家吃完饭以后,小毛才能吃上一点剩饭剩菜。他做好这些事以后,还经常遭到地主一家人的虐待,挨打挨骂是家常便饭。

一天半夜,唐地主就叫小毛去放牛。小毛睡得正香,被唐地主喊醒以后,翻了一下身又睡着了。唐地主看着他还没起来,就大声骂道:"你这个死家伙,还不快点起来,太阳都晒到你的屁股上了,我要打死你这个东西!"

小毛回答说:"我在捉虱子。"

唐地主听了连声骂道:"你这混账东西,天还没亮你怎么能看见虱子呢？"小毛回答说："那你刚才不是说太阳晒到我屁股上了吗？"说得唐地主无言可答。毒辣的地主就拿起拐杖把小毛狠狠地打了一顿。

天还没亮，小毛带着伤痛牵着两头牛出去吃草。太阳出来三丈多高了。小毛看见唐地主的崽吃过了早饭，穿上了缎子衣服，背着书包到学校去读书。小毛坐在草地上想着：他为什么这样好呢？有饭吃，有衣穿，有书读，而且还不做一点事，还要别人伺候。而我这样一天到晚地干活，还吃不饱穿不暖，还经常挨打受骂。将来我是不是也有吃有穿有读书的机会呢？……

牛吃饱了，小毛牵着牛回去，唐地主鼓起眼睛望着他。称了四两米，叫小毛用烧茶的罐子煮着吃一天。小毛哀求地说："唐老爷，四两米不够我吃一天，请老爷加上一点吧。罐子怎么能煮得饭呢？老爷，借一口小锅给我煮好吗？"

唐地主大声骂道："一粒米我也不给你加！你煮得就煮，煮不得就算了！"

没奈何，小毛就这样半饥半饱度日子。

有一天，小毛看牛回来，做完杂事以后，天就黑了。他开始去煮饭，饭还没煮熟，一只狗突然从楼上跳下来，正好跳在了小毛的罐子上，把罐子打破了，小毛煮的饭撒了一地。这一天，他只吃上了一点野菜粥。

第二天早上，唐地主看见小毛煮饭的沙罐打破了，一拳把小毛打倒在桌子角上，碰得头破血流，一下子晕倒在地上。过了好大一会儿，才慢慢苏醒过来。可恶的唐地主把他赶了出来。从此，小毛就靠给人家砍柴来维持生活。

## 新　生

1949年，来了人民的大救星——共产党，把小毛从火坑里拯救了出来。第七区人民政府、党委陈书记，把小毛送到龙回塘小学去读书。书本费陈书记帮小毛交了。陈书记还要小毛住到区人民政府里去，和干部们一起吃饭。冬天，陈书记还给小毛做了一套新棉衣棉裤。土改时，陈书记还分给小毛一件呢子外套，原先是大地主穿的。夏天，陈书记又给小毛买两套新汗衫新单裤。小毛真是感激不尽党的亲切关怀和照顾。

小毛在学校里读书，刘老师给他取了个名字叫李斌。小毛读书非常用功，又很热爱劳动，工作积极又主动，生活上很朴素，也肯帮助别人。他那圆圆的脸蛋儿，经常对人微笑着。那对活泼的眼睛，那结实的身体……真使人爱慕。

学校里成立学生会，小李斌当上了学生会的主席。1953年他初级小学毕了业，又考上了"二完小"，开始了高小的生活。陈书记把李斌寄宿在学校里，吃饭、学杂费都给李斌办好了。陈书记还送给他一支金星钢笔和一个日记本子。

李斌在高小曾经读过这样一课书："一个可怜的孤儿，在党的培养教育下成长大了，现在当上了一个优秀的拖拉机手。"李斌想：我将来是不是也能当上一个拖拉机手呢？

有了一个这样的理想，他在高小加入了光荣的少年先锋队组织。他还被选为少年先锋队的大队委员。同学们都很敬佩他，老师也非常热爱他。李斌的成绩算全校第一个，每门功课都得五分。

1956年，李斌已经小学毕业了。他为了响应党的号召，参加了农业生产。几年来，他在党的不断教育和培养下，从一个幼稚无知的穷孩子，成长为一个有一定知识觉悟的好青年。他于1956年就投入了革命的怀抱，并在1957年2月加入了自己的光荣组织——共青团。

## 围 垦

美丽的团山湖，呆山与团山是它的衣裳，八曲河是它的血管。它纵横六七里，湖草丛生。人们形容这块土地的肥沃，说它有五尺深的肥料。但要在这湖里种上庄稼，只是空想一场。因为洪水一到，一片汪洋，人畜和一切财产都要受到洪水的威胁，经常害得穷苦人无安身之处，到处去逃荒。

可恨的国民党三次收款，答应筑堤，钱一到手就拿走了，只顾他们匪军享乐，哪管人民的死活。

1957年冬天，党为了人民的幸福，使几千年来的洪水不再淹没人畜财产……就号召望城全县人民根治沩水河，围垦团山湖。这一号召，得到了全县人民的热烈拥护，共动员两万多民工、干部和自然灾害作坚决的斗争！

李斌也报名参加了这次伟大的水利建设工程。他还当上了青年夜间突击队的队长。他带领着三十个队员战斗在最艰苦的地方！他们在工作中开动了脑筋，创造了"浪形挖土法"和"双钩倒土法"，提高了工效六倍多。每天每人平均挑到十九方土。治沩工程指挥部奖给了他们一面很大的流动红旗。

一天雪夜，工地党委命令夜间突击队在三天内，在宽达一百米的沩水河上搭一座木桥，六百多人挑土要从这桥上经过。如果桥没搭好，就会直接影响六百多人的工作。

李斌愉快地接受了党委交给的光荣任务，连夜带领全体队员赶到了工地。他自己奋不顾身地把冰打开，跳到河里打桩。队员们在他的影响下，也勇敢坚强地同冰雪战斗。有的忙着打桩，有的忙着运石头，有的运木板，有的在扎架子，夜以继日地紧张战斗着。在党的正确领导下，由于夜间突击队全体同志的努力奋战，克服了一切困难，提前半天完成了党委交给的光荣任务。

两万多民工和干部苦战了三个月，战胜了冰雪，战胜了洪水，也战胜了各种各样的困难，终于在团山湖的周围筑起了长达五十里的铁壁铜墙，叫洪水让了路！叫高山低了头！叫荒洲变成了一点九万多亩可爱的良田。

## 愿　望

顺着新堤往下走，一个新的国营农场在荒洲上建立起来了。工人们一面紧张地劳动，一面愉快地歌唱。牧童们赶着一群群的牛羊到山坡上去吃草，还有那可爱的铁牛在荒洲上奔驰。现在的稻谷、玉米……都成熟了，大家看到自己辛勤劳动换来的丰收，是多么的高兴啊！

今年1月底，团县委号召建立望城县第一个青少年拖拉机站。

李斌多么想当一名拖拉机手啊！他把节约下来的准备做被子的二十元钱全部捐献给拖拉机站。他只想拖拉机站能马上建立就好。他向党委写了六次申请书，表示了自己的决心，说出了自己的理想和愿望。

## 实　现

这次党委批准了李斌下乡当农民，他真是高兴极了！在2月26日光荣地走上了劳动战线——到了团山湖农场。

4月10日是他永远不能忘记的日子！这一天，他第一次学会了驾驶拖拉机。他的心情是何等的激动啊！

当他第一次爬上拖拉机驾驶台的时候，他在上面好像高兴得要跳起来了。他坐在我的身边专心地看我怎样操作，怎样转弯，怎样发动汽油机……我一面驾驶，还一面告诉他操作方法和机器各部分名称。

李斌把我所告诉他的知识都一点一滴地记在脑子里，并写在日记上。他的脑子里一个转又一个转地想着拖拉机，在睡梦中还在喊："把油门加大些，快点开！多犁几亩地。"

他学习了一个星期，懂得了操作方法和基本知识。我就叫他试验驾驶，我站在一旁指点他。

他一坐上驾驶台，两眼望着旁边观看的人，微笑着。这时他手脚都不由自主地颤抖起来，我叫他不要怕，要勇敢些！这时李斌才把油门加大，把离合器向上一推，挂上了排挡，拖拉机嘎嘎地开动了。

可是拖拉机总不听他的指挥，走弯路，开了一会儿，李斌才不怕了，手脚也不那么颤抖了，拖拉机也听使唤了。这时李斌更加高兴起来，我也感到非常愉快。

李斌还提出了响亮的口号：一定要以实际行动来感谢党对他的亲切关怀和照顾！一定要努力钻研，勤学苦练，忘我地劳动，克服一切困难，不骄不傲，虚心学习，争取做望城县第一个优秀的拖拉机手！

我想：他的目的会实现的，我在心中祝愿他。

湖南省望城县国营团山湖农场<br>新式农民　雷正兴[①]

---

① 雷正兴为雷锋曾用名。

# 文 章
WENZHANG

## 美丽的团山湖①

（1958年3月10日）

  团山与呆山之间有一个大湖——团山湖，它纵横六七里，湖草丛生。人民形容这里土地肥沃，说是有五尺深的肥料。湖的周围，在去年围起了一道新的大堤。那弯弯曲曲的大曲河，再不能穿过湖中间了，顺着新堤往下游流，一个新的国营农场在荒洲上建起来了，还有"铁牛"在荒地上奔驰着。有三百多勤劳勇敢的工人在歌唱今天的幸福，歌唱劳动的愉快，歌唱美好的将来！

  …………

---

① 本文根据雷锋手稿整理，是《我学会开拖拉机了》的开头部分，发表时被编辑删去，标题为编者所加。

## 我学会开拖拉机了①

（1958年3月16日）

3月10日，是我永远不能忘记的日子！这天，我第一次学会了开拖拉机。心情是何等激动呵！

我七岁时父母双亡，变成了一个可怜的孤儿。那时在国民党反动统治下，只得给地主放牛，吃不饱，穿不暖，经常挨打挨骂，过着牛马一样的生活。

自从来了人民的救星——共产党，把我从火坑中拯救出来，送我上学，给我吃的穿的，把我培养成为一个有一定知识、觉悟的青年；使我于1956年投入革命的怀抱（在县委会当通讯员），并在1957年2月加入了自己光荣的组织——青年团。

今年1月底，团县委号召建立望城第一个青少年拖拉机站，接着又看见农学院的拖拉机来支援团山湖犁田，我多么想当一个拖拉机手！我就把节约下来准备做被子的二十元钱，全部捐献了，只想拖拉机站马上建成就好！

这次，党批准我下乡当农民，我真是高兴极了。在2月26日，光荣地走上了劳动战线——到了团山湖农场，学习驾驶拖拉机。

当我第一次爬上拖拉机驾驶台学习的时候，我真高兴得要跳起来。我坐在驾驶员的身边，专心地看他们怎样操作，怎样转弯，

---

① 本文刊载于1958年3月16日的《望城报》。

《我学会开拖拉机了》发表于《望城报》1958年3月16日 第3版

怎样发动汽油机……老陈一面驾驶，还一面告诉我操作方法和各部分名称，我一点一滴都记在脑子里，并写在日记上。这几天，我总是睡不着觉，老是想着拖拉机，在床上翻来覆去，回忆着老陈的指教。只想不睡觉，起来又去学习就好，只想早一日学会，早日为祖国出一点力量。

学习了一个星期，懂得了一些操作方法和基本知识，老陈就要我试验驾驶。他真的让出座位，站在一旁，指点我。我一坐上驾驶台，心跳得很高。生怕开不动，别人会讥笑；又怕没有力，拉不动方向盘；还怕刹不住车。我的心情既是紧张，又是愉快，手脚都不由自主地颤抖起来。老陈对我说："不要怕，要放勇敢些！"这时我才把油门加大，把离合器向上一推，拖拉机嘎嘎地开动了。可是，拖拉机总不听我的指挥，走弯路。开了一会儿，我不怕了，心也不跳得那么厉害了，手脚也慢慢地不发抖了。这时，拖拉机也听我的使唤了。在这个时候，我的心情又是多么喜悦呀！我回头望望，看看那可爱肥沃的土地，很快地被犁翻了，仿佛看见一大片绿油油的可爱的庄稼。

"今天，真有很大的收获，过得真有意义。"下班以后，脑子里一个转又一个转地想着。吃饭的时候，还好像坐在拖拉机上似的，不停地摇晃着；拿起筷子，像握住拖拉机的方向杆一样，随手推动；两只脚像踏在"刹车"和"油门"上，自然地踏动着。我想，今天得到这样的幸福，不是党的培养教导，又哪里来呢？

我一定要以实际行动,来报答党对我的亲切关怀和照顾。一定努力钻研,勤学苦练,克服一切困难,忘我地工作,争取做望城的第一个优秀的拖拉机手。

## 诗歌札记

### （1958年7月）

一、诗歌包括：骚、铭、赋、民歌、古诗、绝诗、律诗、词、散曲。

二、民歌特点：语言淬炼，含义深远，内容丰富，押韵，易于上口，易于流传。

三、形式分为两种：

1. 叙事诗；

2. 抒情诗。

这两种诗的区别：

（1）叙事诗是描写人物的动态现象。

（2）抒情诗是抒发作者的情感。

四、民歌文艺手法：

1. 对照：

如：牛出力来牛吃草，东家吃米我吃糠。

2. 比喻：

要说天，天最大，我们的干劲比天大！

3. 夸张：

孟姜女哭倒万里长城。

——于团山湖农场

## 决心书①

### （1958年11月7日）

　　我是一个孤儿，我六岁时，父母双亡，无人照管。②自从来了人民的大救星——共产党，把我从火坑中拯救出来。党给我吃的穿的，还送我读书，1956年我已初中毕业。③

　　几年来，由于党的不断教育和培养，使我从一个幼稚无知的孩子，成长为一个有一定知识、觉悟的共青团员。1956年11月，党委把我调望城县委会干警卫工作，保护首长。因工作需要，在今年又调农场学习驾驶拖拉机，经过八个多月的学习，现已成为了一个驾驶员。

　　根据国家形势的发展，钢铁生产占了目前重要地位。我自己申请，经望城县委批准，我来鞍钢学习，我愿把我的青春献给祖国，我愿永远做鞍钢的工人，服从组织的调配。到工厂后，我一定刻苦学习，积极工作，忘我地劳动，一定苦干苦炼，不骄不傲，虚心向群众学习，克服一切困难，发挥一个共青团员的应有的作用！我永远跟着共产党走，我一定争取在钢铁战线上当上英雄和模范，我要为祖国人民的幸福生活而奋斗到底！

望城县委会<br>
雷锋（盖章）

---

① 本文是雷锋从故乡湖南北上辽宁鞍钢时写的决心书，根据手稿整理。
② 雷锋母亲于1947年9月25日自杀身亡，雷锋当时年满六周岁，实龄七岁。
③ 1956年雷锋高小毕业。

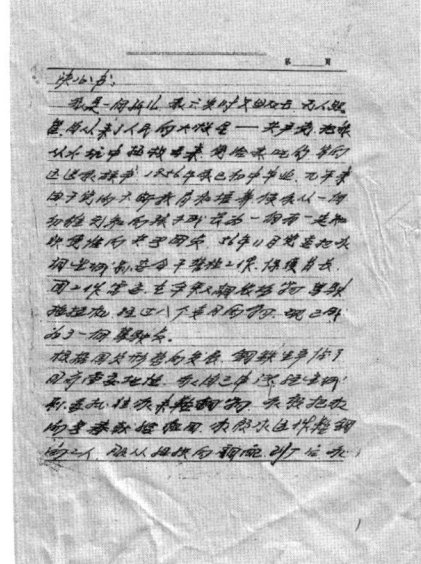 

《决心书》手稿

## 讲 话
JIANGHUA

### 在少先队干部学习会上的发言
（1955年5月4日）

红领巾是红旗的一角，是先烈的血染红的，将来我长大了，要像先烈们一样，把我的整个生命献给无产阶级革命事业，使我们的革命红旗更加鲜艳，永不褪色。还有，我将来要当个少先队辅导员，系上这样的红领巾，培养更多的少年们做红色的接班人……

## 在荷叶坝完全小学毕业典礼上的发言[①]

（1956年7月15日）

亲爱的老师、同学们：

我们小学毕业，基本教育受完了，大家很高兴。感谢党、毛主席和老师。我们今天毕业真高兴，大家比我更高兴，能升入高一级学校学更多知识，更好地建设祖国。我响应党的号召去当新式农民——做个好农民，驾起拖拉机，耕耘祖国土地；将来要做个好工人，建设祖国；将来要做个好战士，拿起枪用生命和鲜血保卫祖国，做人类英雄。

同学们，让我们在不同工作岗位上竞赛吧！老师们，你们看我的行动吧！我一定做个英雄，祝老师健康……

---

[①] 雷锋此段发言记录在望城县荷叶坝完全小学老师夏柳的笔记本上。

雷锋在小学毕业典礼上的发言，这是夏柳老师记录发言内容的手稿

## 在望城县下放干部总结表彰大会上的发言
（1958年6月6日）

党委（领导）全体同志：

今天，我以万分高兴的心情来参加这次下放干部总结评比大会。通过赵书记的报告，以及小组讨论，更提高了我的社会主义觉悟，更鼓舞了我克服困难的决心和信心。

现在我代表国营团山湖农场的全体下放干部同志向你们致以热烈的祝贺。

同志们，由于你们愉快地响应了党的号召，下到了农村。在这短短的三个（月）当中，做出了许多惊人的成绩。例如这次我们评上了九十四名先进生产者。这是由于党的正确（领导）、大家的帮助，以及自己的努力所取得的优良成绩。我们希望你们这些先进生产者不骄不傲，先进再先进，你们是下放干部的一面模范的旗帜，你们是火车头，希（望）你们团结广大群众共同携手前进。

亲爱的全体同志们：我也是这次下放到农场里的。原先我是县委会的通讯员，我是一个孤儿，是完全吃党的乳汁长大的，几年来我经过党的不断教育和培养，使我投入了革命的怀抱，并在1957年加入了光荣的组织——共青团。

…………

# 书 信
SHUXIN

## 给小凌的信
（1958年6月）

小凌：

给你写信的此刻，已经是深夜1点钟，我刚上完晚班回家，今夜整整忙了四个钟点，我真是很疲倦了。

我拧亮台灯，坐下来给你写信，疲倦就立刻飞去了。宿舍里的人都已入睡。窗外繁星满天，明亮的月光从外射了进来。在窗内还可以看到田野里成熟的高粱、玉米、稻谷在随风摆动，好像在向我点头，在向我微笑，它们都好像要陪我给你写信似的。我是多么愉快呀，真是高兴极了。

我相信你也会感到如此地兴奋，我有不知多少话要跟你说，却不知从何说起，谈话并没中止，写到这里告一段落。

雷正兴

# 赠 言
ZENGYAN

亲爱的张绍明同学：我们快要毕业了，在这个紧张的时间内，我希望你取得最后的胜利，得到最好的成绩。我们分别以后，希望多多通信。

——1956年6月27日给张绍明[①]的赠言

平静水，平（掀）不起波浪，显不出它的美丽；

平凡生（人），不经艰苦奋争（斗），显不出（不能走向）伟大。

——1956年7月给凌小丽[②]的赠言

王佩玲同志：你是党的忠实女儿，愿你的青春像鲜花一样，在祖国的土地上发散着芬芳！伟大的理想产生于伟大的毅力！请你记住这两句话，在平凡的工作上，祝你成为一个真正的战士！

——1958年3月13日给王佩玲[③]的赠言

临别留笔：亲爱的同学，革命的朋友，愿你跨上战马，高举战

---

① 张绍明，时为望城县荷叶坝完全小学学生。
② 凌小丽，时为望城县荷叶坝完全小学学生。
③ 王佩玲，时为望城县坪塘区供销社营业员。1958年春王佩玲到团山湖农场劳动锻炼，其间和雷锋工作在一起，两人因书结缘，时常交流读书心得，渐渐成为好友。

旗，在社会主义建设中让我们携手前进！

——1958年11月1日给秦中华①的赠言

小秦，你是党的忠实女儿，愿你的青春像鲜花一样，在祖国的土地上散发芬芳。"伟大的理想产生于伟大的毅力。"请你记住这句话，祝你在平凡的工作上，锻炼成为一个真正的共产主义战士。

——1958年11月1日给秦中华的赠言

今日百灵鸟飞去，不知何日相会，让我们在社会主义建设事业中，共同奋斗，携手前进。

——1958年11月9日给聂建辉②的赠言

---

① 秦中华，时为望城县农校学生。
② 聂建辉，时任望城县五星人民公社洪山大队妇女干部。

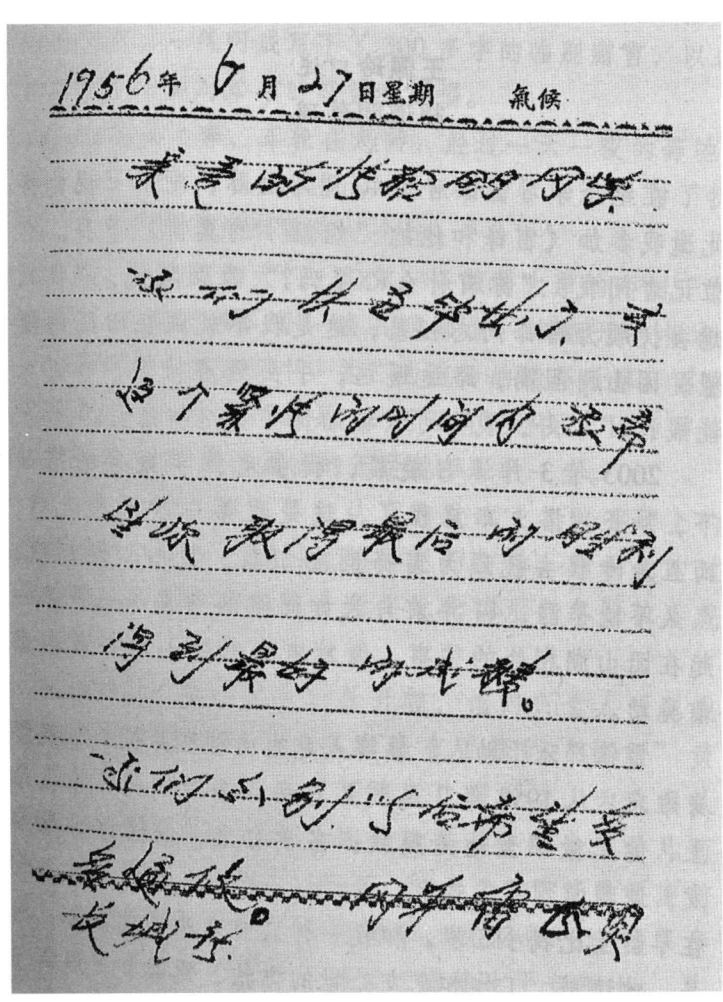

雷锋给张绍明的赠言手稿

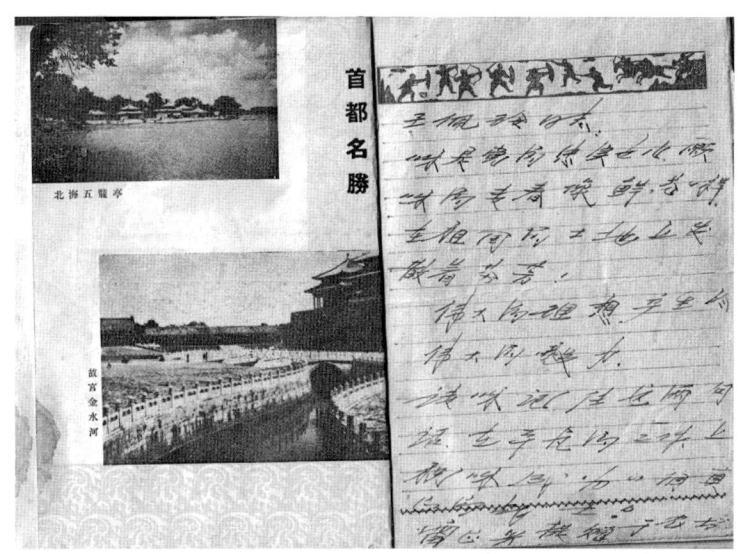

雷锋赠送给王佩玲的笔记本

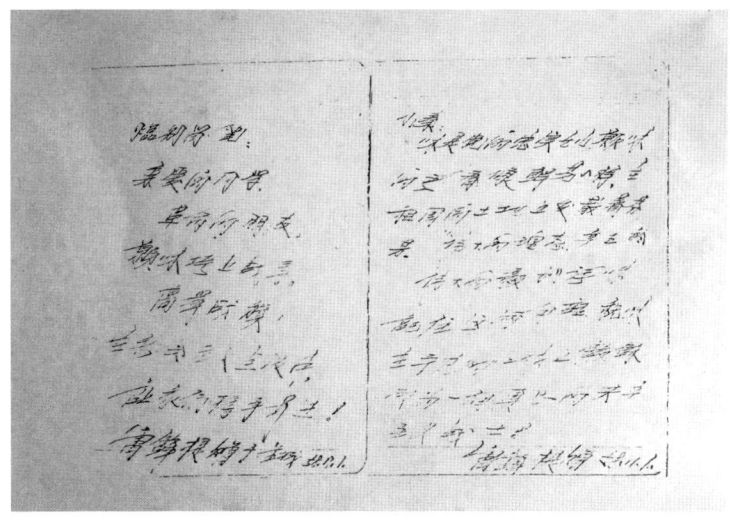

雷锋北上鞍钢前给秦中华的临别赠言

# 鞍钢之音

（1958年11月12日—1960年1月7日）

# 日 记
RIJI

## 1959 年

### 8月26日

自从由鞍山转到弓长岭以来,自己就抱定决心:一定要很好地工作、学习,争取加入中国共产党。对各种学习任务都能认真完成;自学较好,每天早上学习一小时,晚上总是要自学到深夜10至11点钟。早上坚持做早操,没有违反过纪律,都能按规定去做……

今后,我应当继续加强组织纪律性,向违法乱纪作斗争,严守纪律,听从指挥,做好机器检查和保养,保证安全,消灭事故。努力学习政治,开展思想斗争和批评与自我批评,加强团结,虚心学习。

### 8月30日

我深刻认识到,做每一件工作,完成每一项任务,哪怕是进行每一次学习,都十分需要听党的话,听领导的话,争取领导的帮助和支持。党和领导上叫怎样去做,就不折不扣地按党的指示去做。这样就是有再大的困难,也有办法克服,再艰巨的任务也能完成。相反,如果脱离了领导,不听党的话,光凭个人的心愿去做事情,是绝对做不好的,甚至要犯错误。有些同志思想进步慢,工作成绩差，是什么原因造成的呢？我认为，原因只有一个，这就是自以为正确，不听党的话，不听群众的话，明明自己看法错了也不能改正，明明领导和同志们的意见正确，也不能诚恳地接受。我深深体会到，依靠党才能进步，否则就要落后。

## 10月11日

一、加强修养，努力学习团纲、团章和有关团员修养的书籍，处处听党的话……

二、把自己的全部力量献给党的建设事业。在生产中，一定完成任务，一红到底，有一分热发一分光。

三、虚心向群众学习，并以团员的模范作用，带动群众前进。

四、掌握批评与自我批评的武器，经常向支部汇报自己的思想情况。在支部的直接领导、监督下，努力改造自己的思想。

## 10月19日

昨天我听一位从北京开积极分子代表大会回来的同志作报告。他说，毛主席在北京接见了他们，毛主席的身体很健康，对我们青年一代无比地关怀和爱护……当时我的心高兴得要蹦出来。我想，有一天我能和他一样，见到我日夜想念的毛主席该有多好，多幸福啊！可巧，我在昨天晚上做梦就梦见了毛主席。他老人家像慈父般地抚摸着我的头，微笑地对我说："好好学习，永远忠于党，忠于人民！"我高兴得说不出话来了，只是流着感激的热泪。早上醒来，我真像见到了毛主席一样，浑身是劲，总觉得这股劲，用也用不完。

我决心听党的话，听毛主席的话，永远忠于党，忠于毛主席，好好地学习，顽强地工作，为党和人民的事业贡献自己的一切，做一个毫无利己之心的人。我一定争取实现自己最美好的愿望，真正见到我们最伟大的领袖毛主席。

### 10月21日

1958年入厂时候，我只是一个抱着感恩的思想埋头苦干的工人，在生产上只能做到完成自己的任务和达到每天的定额。

后来，在党的教育下，特别是受到……全国人民冲天干劲的鼓舞，才使我的思想和眼界变得更加开朗和远大，才使我的干劲越来越高涨。

由于党的教育，我懂得了这个道理：一朵鲜花打扮不出美丽的春天，一个人先进总是单枪匹马，众人先进才能移山填海。

### 10月25日

青春啊！永远是美好的。可是真正的青春，只属于这些永远力争上游的人，永远忘我劳动的人，永远谦虚的人。

### 11月2日

向市劳动模范张秀云学习。首先学习她的高度的主人翁责任感，

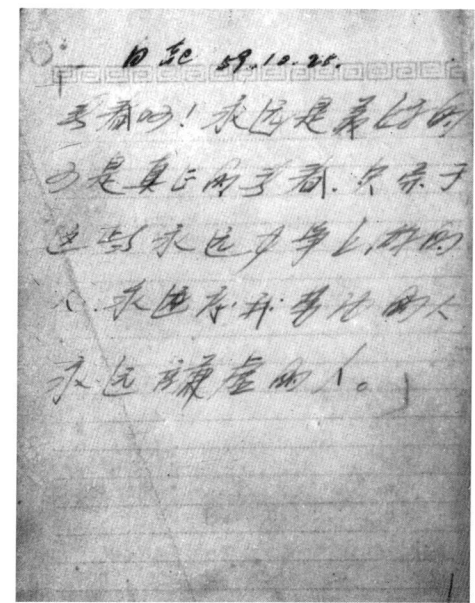

雷锋日记手稿

对党对社会主义建设事业的赤胆忠心；学习张秀云同志积极主动、帮助别人、大公无私、舍己为人的共产主义思想和团结群众的优良作风；学习她坚持向群众学习、不断充实自己、谦逊好学的精神。

### 11月13日

我们在建设焦化厂当中，住不好、吃不好和工作环境不好等，这些困难都是暂时的、局部的、可以克服的。只要我们有叫高山低头、河水让路的气概，是没有战胜不了的困难的。

### 11月14日

今天我感到特别的高兴，一天紧张工作过后，一点儿也不觉得疲劳，我感到浑身是劲。深夜了，我还坐在车间调度室里，看一本学习毛泽东同志的思想方法和工作方法的书籍，真使我看得入了迷，越看越使我感到毛主席的英明和伟大。

深夜11点钟了，走出门外，天黑得伸手不见五指，这时天突然下起雨来了。陈调度员说，我们建筑焦炉工地上，还散放着七千二百袋水泥。陈调度员急得一时手足无措……雨越下越大，这时我猛然想到了党的教导，要我们爱护国家财产，又想到了我是一个共青团员。想到这些，一种无穷的力量鼓舞着我跑到了工地抢盖水泥。我把自己的被子，还脱下自己的衣服盖在水泥上。后来我又跑到宿舍，发动了二十多个青年小伙子，组织了一个抢救水泥的突击队，有的忙着找雨布，有的忙着找芦席，盖的盖，抬的抬，经过一场紧张的战斗，避免了国家的财产受到重大的损失。

这时我才松了一口气。抹掉了头上的汗，带着乐观的心情，昂首阔步回了宿舍，心平气和地睡入了甜蜜的梦乡。回忆自己为国家、为党所做的一点点工作而高兴。

## 11月26日

中午12点，我刚从车间开完会回到宿舍，我刚一进门，就被大家围住了，好像是久别了的亲人今天突然相见似的。

啊！原来是大伙都抢着告诉我。小王拿着一张报纸，跑到我的跟前，激动地说："雷锋同志，你看，你上次在雨夜抢救水泥已登上共青团员报了哩！"当时我的心也是和大家同样的感到高兴。这对我和大家来说是一个多大的鼓舞啊！光荣应归于培养教育我成长起来的党，归于热情帮助我进步的同志们。

我这么一点点贡献，比起党对我的要求和期望还是做得很不够的，但是我有决心忘我地劳动，赤胆忠心，不骄不傲地乘胜前进，多为党做一些工作，这就是我感到最光荣的。

## 12月4日

昨天，听到车间总支李书记关于1959年征兵的报告后，我激动得一时一刻都没有平静。深夜了，我怎么也睡不着觉，便从床上爬起来，跑到了车间办公室，叫醒了已熟睡的李书记。我问他："我能不能入伍呀？"李书记笑着回答说："能呀！像你这样身强力壮的小伙子,参加人民解放军是顶呱呱的哩!"他从头到脚仔细地看了我一下说:"哎呀,小雷怎么没穿棉衣呀!下这么大的雪,不冷吗?"这时我才觉得穿一身衬衣有点寒冷。李书记把棉衣披在我的身上。回到了宿舍,我还是不想睡觉,坐在条桌旁写我的入伍申请书和决心书。

今天一清早,我就到车间报了名。现在,我的愿望就要实现了,我怎么能够不高兴呢!只要组织上批准我入伍,我一定要把自己最可爱的青春献给我们的祖国,做一个真正的共产主义革命战士……

## 12月7日

早上7点钟,我和朱主席以及其他几位代表们坐火车到了弓矿开先进生产者、红旗手以及工段以上的干部大会。

当我一走进会场,真把我吸引住了:会场布置得是那么的庄严、美丽。上午9点钟,会议正式开始。首先党委高书记宣布了大会主席团名单,其中有我一个。当我走上主席台时,我那颗火热的心是多么的激动啊!像我这样一个孤苦的穷孩子,今天能参加这样的大会,同时还把我选为主席团的成员。"我是党的。"光荣应该归功于党,归功于热情帮助我进步的同志们。

在主席台上我和出席全国群英会的付广秋同志见了面,她和我谈的是那么的亲切有味,她的每一句话对我的工作学习各方面都有着很大的鼓舞,我一定要向她学习。

## 12月12日

　　一个人出生到世界上来以后,除了早夭的以外,是要活上几十年。每个人从成年一直到停止呼吸的几十年的生活,就构成各人自己的历史。至于各人自己的历史画面上所涂的颜色是白的、灰的、粉红的或者鲜红的,虽然客观因素起一定作用,主观因素却起决定性的作用。每个人每时每刻都在写自己的历史,每个共产党员和共青团员都应该好好地想一想,怎样来写自己的历史。每个共产党员和共青团员时时刻刻都要以马克思列宁主义、毛泽东思想来做自己的思想行动的指导,真正做到言行一致。我要永远保持自己历史鲜红的颜色。

## 1960 年
### 1 月 3 日

我出身于贫苦家庭，在旧社会过着缺衣少吃的苦日子，那种被奴役、被欺凌的仇恨，使我永远铭记在心。

# 诗 歌
SHIGE

## 翻车机
### （1959年2月2日）

我第一次走近翻车机的身旁，
仿如空中霹雷响，
吓得我倒退两步心惊慌，
啊，原来是翻车机把一列煤车来个底朝上！
只听那半空中唰唰响，
满满的一列车煤呀！
翻倒得又净又光。

马达在轰鸣，
翻车机好像个大蛟龙，
上下不停地翻腾搅动。
你的力量无尽无穷，
你的任务是多么重大而光荣。
你有时有点小毛病，
我们工人的心啊，
比失掉自己的双手、眼睛还痛。

翻车机呀翻车机！
我在你身旁工作是多么的骄傲。
我愿意在你身旁尽忠效力，
伸出你的友谊的手吧——翻车机，
你我共同走向共产主义！
　　　　　　　——于鞍钢

## 可爱的工厂
（1959年）

汽笛，对着初升的朝阳，
情不自禁地高声歌唱，
迎接英姿焕发的工人走进工厂。
啊，钢铁的心脏——鞍钢，
为了祖国的工业化，
你永远不知疲倦地繁忙。
你那高大的厂房，
建筑在数十里的土地上。
红彤彤的铁流，
像滚滚的长江水一样，
昼夜不停地奔忙。
如果谁要是在远处瞭望，
就能看到鞍钢全部的景象：
从森林般的大烟囱里，
吐出一股股黑黑的浓烟；
夜晚像无数条火龙在闪闪发亮，
把浓烟映得像五彩缤纷的彩云一样。
在这浓烟下面，
就是我们工作的厂房。

呀！真仿如神话般的天堂，
这里的工厂主人，
都在日以继夜地繁忙，
热情地歌唱。
歌唱我们的新生力量，
歌唱我们的厂房——鞍钢焦化厂。
　　　　　　——于鞍钢

## 誓 言
（1959 年）

跃进战鼓响咚咚，
钢铁任务不放松。
誓夺一千八百万吨，
不获全胜不收兵。

培养生产多面手，
技术革命要领先。
…………

百年大计质量第一，
产量任务也要提前完。
誓言决心齐下定，
各项任务保证能完成！

——于鞍钢

## 荒山荡碧波
（1959 年）

一群小伙笑呵呵，
背起锄头上山坡。
只听一声锄头响，
笑看荒山荡绿波。
　　　　　　——于鞍钢

## 诉苦会
（1959年）

想起来，
好心酸。
忆往昔，
苦难言。
过去受熬煎，
挨饿没衣穿。
一天累到晚，
经常受皮鞭。
有病无钱治，
死了扔山边。
破屋露着天，
星月照房间。
外头下大雨，
屋里小雨天。
头顶破脸盆，
麻袋披在肩。
过去苦难重，
老小不团圆。

成天吃野菜，
冬天身无棉。
粮米高价无钱买，
孩子老婆泪涟涟。
地主来逼账，
拿着东西去典当。
衣物变卖光，
到处去流浪。
为了吃口饭，
讨要大街上。
自从来了共产党，
咱们穷人见晴天。
从今不再受压迫，
当家做主掌好权。
艰苦奋斗永向前，
人民的江山万万年。

——于鞍钢

# 文 章
## WENZHANG

### 我学会开推土机了
**（1959年2月24日）**

2月24日是我永远不能忘记的日子！

这一天我第一次学会了开推土机，心情是何等的激动呵！

我七岁时，父母被小日本鬼子和反动派害死，变成了一个可怜的孤儿。那时在国民党反动派统治下，只得给地主家放牛，吃不饱，穿不暖，经常挨打挨骂，过着牛马一样的生活。

自从来了人民的大救星——共产党，把我从火坑里拯救了出来，送我上学，给我吃的穿的，把我培养成为一个有一定知识和觉悟的青年，我于1956年投入了革命的怀抱（在中共湖南省望城县委当机要员），并在1957年2月加入了光荣组织——共青团。

我为了响应党的号召，为了服从祖国的需要，为了一千八百万吨钢，为了把自己锻炼得又红又专，我从湖南望城县委机关要求来到了祖国的钢都——鞍山。一路上经过了武汉长江大桥，经过了首都——北京，同时我还在北京参观了一天，我看到了许许多多新鲜的东西。

我还在天安门前留了影。古老的北京城变成了一座美丽的大公园了，风沙飞扬的岁月也一去不复返了。如今空气清爽，风和日丽，有多得数不清的工厂，有幽静优美的大小楼房，有宽敞、富丽堂皇的俱乐部，有日用品堆得像山一样的百货供应大楼。北京是多么的可爱啊！我想在北京多停留几天，但为了一千八百万吨钢，我那颗火热的心已飞到了鞍钢，只想马上到达钢都，用自己的双手使钢水昼夜地奔流，让钢水奔流得像海洋一样。

1958年11月15日中午12点，火车开到鞍山车站停住了。我挑着行李下了火车，抬头一看，真把我惊呆了！那多得像春天里生长的春笋一样的烟筒，那密如繁星的炼钢炉，那沸腾的钢水，那堆得像山一样的钢材，那机器的响声比春雷还凶，祖国的钢都是多么的伟大啊！我真爱上了它。

我到达鞍钢公司化工总厂以后，领导分配我开推土机，当时我汹涌激动的心儿像压不住似的，像要往外蹦，全身像有一股股的暖流在沸腾。我高兴得只想笑，说不出话来。我好几年来的愿望在今天实现了。

当我第一次爬上推土机驾驶台学习的时候，我真高兴得要跳起来。我坐在驾驶员的身边，专心地看他怎样操作，怎样转弯，怎样发动汽油机……李师傅一面驾驶，一面告诉我操作方法和各部分名称，我一点一滴都记在脑子里，并写在日记上。这几天我真是睡不着觉，老是想着推土机，在床上翻来覆去，回忆着李师傅的指教，只想不睡觉，起来又去学习就好；我只想早一日学会，早日为祖国出一点力量。

学习了一个月，我懂得了一些操作方法和基本知识，李师傅就要我试验驾驶，他真的让出座位，站在一旁指点我。我一坐上驾驶台，心跳得很高，生怕开不动，别人会讥笑；又怕没有力，拉不动方向杆；还怕刹不住车。我的心情既是紧张又是愉快，手脚都不由自主地颤抖起来。李师傅对我说："不要怕，要放勇敢些！"这时我才把油门加大，挂上排挡，把离合器向后一拉，推土机嘎嘎地开动了。可是推土机总不听我的指挥，走弯路。开了一会儿，我不怕了，心也不跳得那么厉害了，手脚也慢慢地不发抖了。这时，推土机也听我的使唤了。在这个时候，我的心情又是多么的喜悦呀！我回头望望，看看那一堆堆的土被推得堆成像山一样的高，仿佛看见了堆得像山一样的钢铁。

今天真有很大的收获，过得真有意义。下班以后，脑子里一个转又一个转地想着，吃饭的时候，还好像坐在推土机上哩，不停地摇晃着。我拿起筷子，像握住推土机的方向杆一样，随手推动，两只脚像踩在制动器上，自然地踏动着。我想今天得到的这样的幸福，不是党的培养教导，又哪里来呢！

我一定要以实际行动，来报答党对我的亲切关怀和照顾，一定努力钻研、勤学苦练，克服一切困难，忘我地工作，争取做一个优秀的推土机驾驶员。

——于鞍钢

## 我决心应召[①]

（1959年12月10日）

12月3日，当我听到车间总支李书记的关于1959年征兵的报告后，我激动得一时一刻都没有平静。深夜了，我怎么也睡不着觉，便从床上爬起来，跑到了车间办公室，叫醒了已熟睡的李书记。我问他，我能不能入伍呀？李书记笑着回答说："能呀！像你这样身强力壮的小伙子，参加人民解放军是顶呱呱的哩。"他从头到脚仔细地看了我一下说："哎呀，小雷怎么没穿棉衣呀！下这么大的雪，不冷吗？"这时我才觉得穿一套单衣有点冷，李书记把棉衣披在了我的身上。回到了宿舍，我还是不想睡觉，坐在条桌旁边写我入伍的申请书和决心书。

第二天一早，我想到车间去报头一名，天还没亮，哪知道回收工段适龄青年马守华比我更早，头一名让他得去了，真想不到我报的还是第二名。

参军！是我从小就有的愿望，人民解放军不仅是一个革命团结友爱的大家庭，而且还是个培养青年的革命大学校。现在我的愿望就要实现了，怎么叫我不高兴呢。

当我在入伍簿子上写到我要坚决"参军"二字时，一段辛酸的回忆涌上了我的心头：

---

[①] 本文刊载于1959年12月10日的鞍钢弓长岭铁矿矿报《弓长岭报》。

我出生在一个很贫穷的农民家庭……过着非人的生活。那时我虽年纪小，对那些要命的野兽般的帝国主义和黑暗的社会是多么的入骨地痛恨。

那时我想：要是有亲人来搭救我，我一定要拿起枪，粉碎那些狗豺狼！为爹妈报仇。

光明伟大的党啊！您拯救了我，给我吃的、穿的，还送我念书，高小毕了业……加入了光荣的共青团，参加到了祖国的工业建设，一天天地成长起来。

伟大的党啊！您是我慈祥的母亲，要是没有您，我很难想象到自己的一切。今天您需要我，我一定挺身而出，不怕牺牲和一切困难，永远忠于党、忠于人民，继承长辈优良的革命传统，为建设现代化的强大的国防军[1]，为保卫社会主义建设，保卫世界和平，我要把自己可爱的青春献给祖国最壮丽的事业！做一个真正的共产主义革命战士，粉碎帝国主义！早日解放台湾。

焦化车间工人——雷锋

---

[1] 即中国人民解放军，为尊重文稿原貌，本书不作修改，后同。

# 讲 话
JIANGHUA

## 在授奖大会上的发言[①]

（1959年9月）

我这样一个孤苦伶仃的穷孩子，今天能够参加这样光荣的大会，心中感到十分光荣，万分感激党对我的教育和培养。我的一切都是党给我的。光荣应该归于培养教育我成长的党，应该归于热情帮助我进步的同志们。

我懂得一朵花打扮不出春天来，只有百花齐放才能春色满园的道理。一花独秀不是春，百花齐放春满园。

---

① 本文是雷锋在鞍钢青年建设积极分子授奖大会上的发言。

## 在化工总厂大会上的发言

（1959年）

敬爱的党委和全体师傅以及青年朋友：

今天我以万分高兴的心情来参加这次大会，通过于主席的报告和许多同志的发言，使我更认识到党的英明、伟大和正确。在这会上，我代表新工人向全体师傅们致以热情的祝贺，祝你们从胜利走向胜利，乘风破浪，以愚公移山的气魄，以武松打虎的劲头，以排山倒海之势，以百战百胜的精神来超额完成钢的生产任务。

敬爱的师傅们，自我去年11月间离开机关，踏入了伟大的工人阶级的队伍，我是感到非常荣幸的。由于工厂党委对我的亲切关怀和师傅的耐心教导，以及大家的帮助，使我很快地学会新的技术。这是党的光荣，是师傅们的光荣，也是我个人的荣幸。师傅们，我们一定要继续努力，克服困难，为完成钢的生产任务贡献出我们的一切力量。

今天我又感到十分惭愧，我入厂到现在没有为党做出多大的成绩。通过今天的大会，使我明确了只有依靠伟大的党和广大群众，克服一切困难，积极热情地工作，才会做出成绩。现在我只有以实际行动，以出色的成绩来感谢党和师傅们的亲切关怀和照顾。

在这里，我向党宣誓，向党保证：

一、我保证听党的话，服从组织调配。

二、向先进学习……破除迷信，发扬敢想敢干的共产主义的高尚风格，向科学堡垒进攻。

三、保证勤学苦练，虚心向师傅们请教，求得对机械的彻底了解和运用。

四、保证百分之百出勤，做到大病坚持干，小病不下火线，玩命干。

五、保证按时参加各种会议和学习，在近两年内达到能文能武的多面手。

六、不违反劳动纪律，踏踏实实地干工作。

## 书 信
SHUXIN

### 致姑嫂城公社领导的信

（1959年12月13日）

敬爱的姑嫂城公社领导同志：

你们好！

我自从去年从湖南省望城县委机关到鞍山工作，直到今年9月间，领导又把我调到弓长岭矿焦化车间工作，我到此地时间很短，以至对你们的联系很不够，请多多原谅吧！

为了响应党的号召，工业支援农业。我是一个共青团员，我应该听党的话。因此，我利用下班、上班、早晚以及星期日的休息时间，拾到大粪三百来斤。我趁今天礼拜的休息时间，特地将大粪送给你们公社，以支援农业生产。请你们收下，祝你们取得明年农业生产的更大丰收。

让我们携起友谊的手来，共同建设社会主义和实现共产主义社会。

最后请你们今后多多帮助和指导我。

致以革命的

敬礼！

*弓长岭矿焦化车间雷锋*
1959年12月13日

# 赠 言
ZENGYAN

革命的朋友,伟大的友谊。

——1958年11月28日给秦中华的赠言①

小易同志:生长在毛泽东时代的我们,生活该是何等的幸福,前途该是何等的广阔,望你努力去追求它和向往它。

——1959年11月给易秀珍的赠言

师徒感情万古长,为国需要离鞍钢,工作虽在两个地,理想都是朝一方。

——1959年8月24日给闫志升的赠言②

船,能够乘风破浪才能前进;

人,能够克服困难才能生存。

——1959年8月26日给易秀珍③的赠言

---

① 雷锋将他在天安门广场拍摄的一张骑摩托车的照片寄给秦中华,并在照片背面写下这条赠言。
② 这条赠言写在闫志升的笔记本上。闫志升,时为鞍钢化工总厂洗煤车间推土机手,雷锋学开推土机的第二任师傅。
③ 易秀珍,与雷锋一起去鞍钢的湖南同乡。

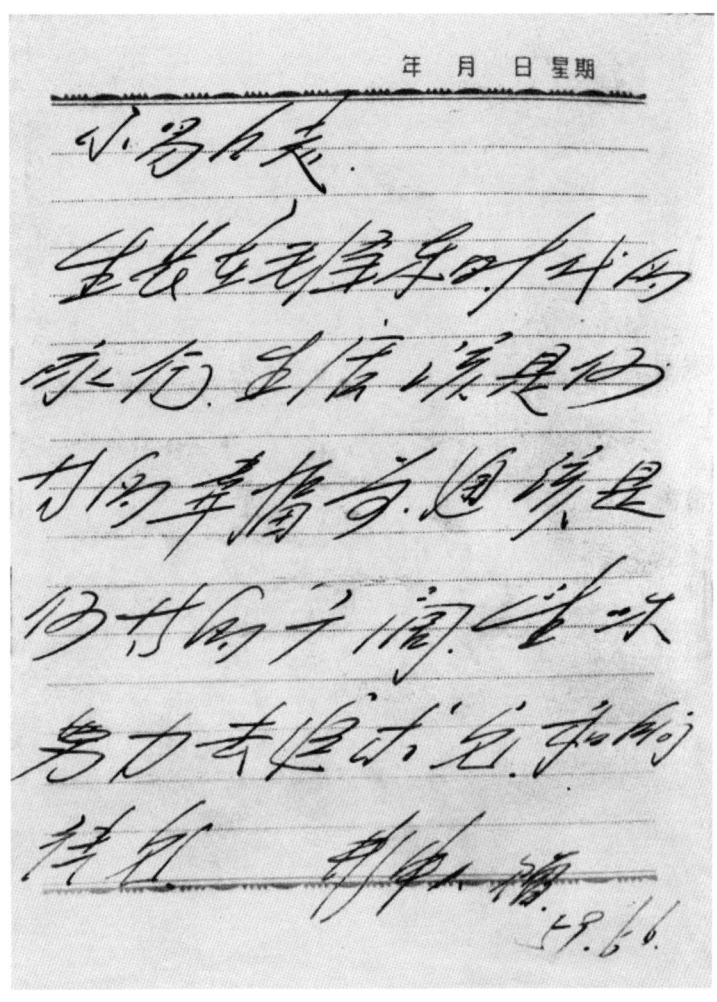

雷锋给易秀珍的赠言手稿

# 军营之歌

（1960年1月8日—1962年8月15日）

# 日 记
RIJI

## 1960 年

### 1月8日

这天是我永远不能忘记的日子,这天是我最大的荣幸和光荣的日子。我走上了新的战斗岗位,今天我穿上了黄军服,光荣地参加了中国人民解放军。我好几年来的愿望在今天已实现了,我真感到万分的高兴和喜悦。这是我一生最大的幸福。

在党的正确领导下,在革命的大家庭里,我一定要好好地锻炼自己。在入伍的第一天,我并提出如下保证:

一、听党的话,服从命令听指挥,党指向哪里,我就冲向哪里。

二、加强政治学习,多看报纸和政治书籍,按时参加部队各种会议和学习,积极宣传党的政策,密切靠近组织,及时向组织反映各种情况,不断提高自己的政治思想觉悟。

三、尊敬领导,团结同志,互帮互爱互学习。

四、严格遵守部队一切纪律,做到虚心向老战士学习,刻苦钻研,加强军事学习,随时准备打击敌人。

五、克服一切困难,发扬长辈优良的革命传统。我要坚决做到头可断，血可流，在敌人面前决不屈服、投降。我一定要向董存瑞、黄继光、安业民等英雄的战士学习。

六、我要努力学习政治、军事、文化，我要好好地锻炼身体。我一定要在部队争取立功当英雄，我一定要做一个毛泽东时代的好战士，我要把我可爱的青春献给祖国最壮丽的事业。

以上六条是我努力的方向和我的奋斗目标。今天我太高兴、我太激动，千言万语一下要写完是办不到的，因此写到这里告一段落。

### ×月×日

我渴望已久的参加中国人民解放军的理想实现了，怎么叫我不高兴呢！我恨不得把我的心掏出来献给党才好。晚上我怎么也睡不着，我的心就像大海的浪涛一样，好久不能平静。

我，一个在旧社会受苦受罪的穷苦孤儿，居然成为一个国防军战士，得到党和首长的信任，受到战友们的热爱，我真不知说什么好！……

在这个革命的大家庭里，首长胜过父母，战友亲过兄弟。这一切只有在党的领导下的人民军队里才能得到。

我一定不辜负党对我的教育和期望，我决心保持和发扬我们弓长岭矿全体职工的光荣，军政学习争优秀，全心全意保卫国防，成为一个优秀的国防军战士。

### 1月12日

今天，我看了一篇文章，那上面讲了许多向困难作斗争的道理。文章说：

"斗争最艰苦的时候，也就是胜利即将来到的时候，可也是最容易动摇的时候。因此，对每个人来说，这是个考验的关口。经得起考验，顺利地通过这一关，那就成了光荣的革命战士；经不起考验，通不过这一关，那就要成为可耻的逃兵。是光荣的战士，还是可耻的逃兵，那就要看你在困难面前有没有坚定不移的信念了。"文章还说："困难里包含着胜利，失败里孕育着成功，革命战士之所以伟大，就是他们能透过困难看到胜利，透过失败看到成功。因此他们即使遇到天大的困难，也不会畏怯逃避；碰到严重的失败，也不至气馁灰心，而永远是干劲十足，勇往直前，终于成为时代的闯将。"

### 1月28日

指望的是你们共青团员同志们——是你们，创造未来的人民！

你们要迫使空洞乏味的生活，唱起歌来！

两个人的幸福——不是你们能追求的幸福，要把个人和阶级牢牢地焊在一起！

公社啊，我所有的一切都是你的，除了牙刷。

### 2月4日

可以说在我的周身的每一个细胞里，都渗透了党的血液。

为了忠于党的事业……今后，我一定要更好地听从党的教导，党叫我干什么，我就干什么，决不讲价钱。……

## 2月8日

我出生在一个很贫穷的农民家庭，在旧社会里受尽了折磨和痛苦。参军以后，我在党的培养教育下，深深懂得了社会主义的今天是由无数革命先烈和战友的艰苦奋斗、英勇牺牲得来的。从我参加革命那天起，就时刻准备着为了党和阶级的最高利益牺牲个人的一切，直至最宝贵的生命。

## 2月15日

敬爱的毛主席，我看到您写的《纪念白求恩》这篇文章，深受教育，被感动得流下了热泪。

过去有人讽刺我说："你积极有什么用，那么点的小个子，给你一百五十斤重的担子，你就担不起来。"我听了这话，还埋怨自己为啥长这么点小个子呢！

可是，您老人家说："一个人能力有大小，但只要有这点精神，就是一个高尚的人，一个纯粹的人，一个有道德的人，一个脱离了低级趣味的人，一个有益于人民的人。"这话给我很大鼓舞。个子小，我也要尽我自己最大的力量，做到毫不利己，专门利人，向伟大的国际主义战士白求恩学习。

### 3月9日

我学习毛主席的著作后,从学和讲的过程中,懂得了不少道理,脑子里一豁亮,越干越有劲,总觉得这股劲儿永远也使不完。

我为群众尽了一点自己应尽的义务,党却给了我极大的荣誉。去年被评为先进生产者,并出席了鞍山市青年建设积极分子大会。这完全是由于党的培养,是由于毛主席思想给了我无穷的力量,是由于广大群众支持的结果。我要永远地记住:

"一滴水,只有放进大海里,才永远不会干涸;一个人,只有当他把自己和集体事业融合在一起的时候才能最有力量。"

"力量从团结来,智慧从劳动来,行动从思想来,荣誉从集体来。"

我要永远戒骄戒躁,不断前进。

### 3月10日

在今天的电影里,我看到英勇的革命战士黄继光。他为了党和人民的事业,为了人类的解放而献出了自己最宝贵的生命。……他这种为了党和人民的事业而牺牲了自己的崇高精神是值得我永远学习的。

…………

## 6月5日

要记住：

"在工作上，要向积极性最高的同志看齐；在生活上，要向水平最低的同志看齐。"

## 6月5日

单丝不成线，独木不成林。一个人是办不了大事的，群众的事一定要发动群众、依靠群众自己来办。……我一定虚心向群众学习，永远做群众的小学生。只有这样，才能做好工作，才能不断进步。

我深切地感到：当你和群众交上了知心朋友，受到群众的拥护，这样会给你带来无穷的力量，再大的困难也能克服。无论在什么艰苦的环境中，都会使你感到温暖和幸福。

## 6月12日

今天是星期日，有好几个战友要我一同上公园里去玩一玩。我想，目前我们的学习工作正处在十分紧张的时候，一分一秒都是很宝贵的，我没有去。上午8点钟的时候，我突然肚子痛起来了。我到了卫生连，可真不凑巧，医生开会去了。我往回走，路过抚顺市第四建筑公司第二工区的工地时，只听得他们工地上的广播员大声地喊着叫号赛，建筑的工人们在工地上奔跑，真好像沸腾的开水。砌砖的以每小时一千二的速度打破了以往九百的纪录，运砖的人力不足，供不上砌砖的需要，广播员急促地喊着，运砖的加油！加油，加油呀！马达在轰鸣，搅拌机呜呜直响，运料汽车……

## 6月×日

因公外出，我在沈阳车站看见了一个老太太，在汽车旁焦急地徘徊着，像是有什么困难。我上前询问，一看证明，原来这位老太太是从山东来部队找她儿子，路费用光了。我了解清楚后，立即请她老人家吃了饭，并给她买好到她儿子驻地的车票。本月8日，这位老太太的儿子给我们部队首长写来了一封感谢信。

## 8月20日

望花区成立了一个人民公社，我把平时节约下来的一百元钱，支援了他们。辽阳市遭受洪水的灾害，我把省吃俭用积存的一百元钱寄给了辽阳灾区人民。有些人说我是"傻子"，是不对的，我要做一个有利于人民、有利于国家的人。如果说这是"傻子"，那我是甘心愿意做这样的"傻子"的。革命需要这样的"傻子"，建设也需要这样的"傻子"。我就是长着一个心眼，我一心向着党，向着社会主义，向着共产主义。

## 10月21日

今天吃过早饭，连首长给了我们一个艰巨的任务——上山砍草拉回来盖菜窖。……到了12点，排副吹起了集合的哨子，大家

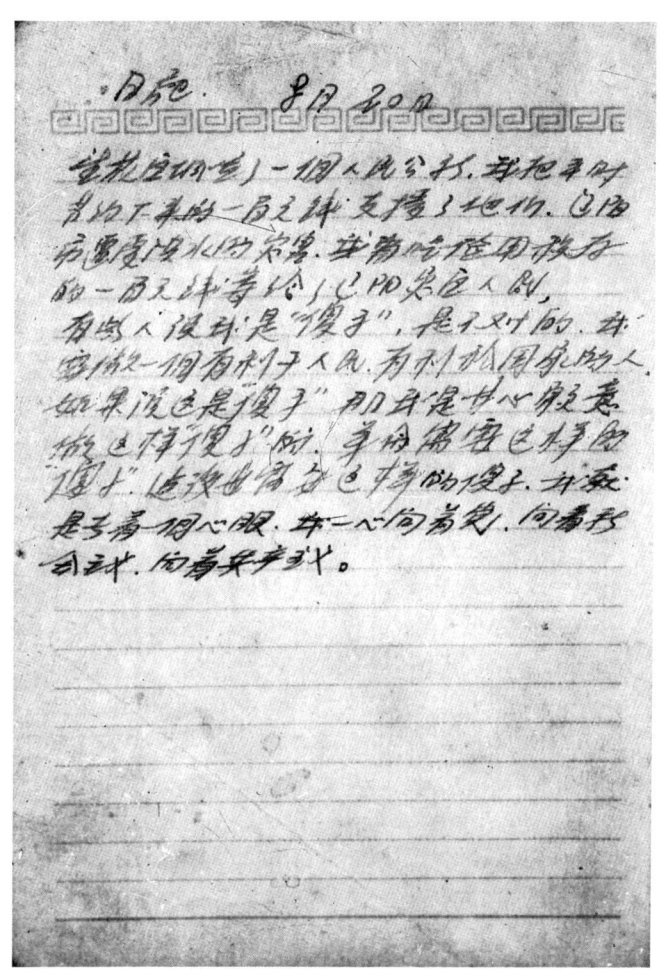

雷锋日记手稿

拿着自己从连里带来的一盒饭到达了集合地点。排副说：你们吃中饭吧。

我发现王延堂同志坐在一旁在看着大家吃饭。我走到他跟前，问他为啥不吃饭。他回答说：我今天早上吃了两盒饭，没有带饭来。于是我拿出了自己带的一盒饭给他吃，我虽饿一点，让他吃得饱饱的，这是我最大的快乐。我要牢牢记住这段名言：

"对待同志要像春天般的温暖，

对待工作要像夏天一样的火热，

对待个人主义要像秋风扫落叶一样，

对待敌人要像严冬一样残酷无情。"

## 11月6日

昨天我向于助理员请好了假，去辽阳化工厂看我原来的厂领导和工人。今天早上从沈阳乘火车到了辽阳市。因没赶上火车，我到了辽阳市武装部，见到了余政委。他像自己（我）父亲一样，左手握着我的手，右手抚摸着我的头，微笑地说："小雷锋，我昨天在日记本子里还看到了你以前给我的那张相片，我还想起了你，真想不到你今天来这里。"他带我到办公室，亲切地问我在部队的情况，我激动地向首长汇报了自己的工作和学习情况。余政委听了说："好，应当好好干，把自己的力量献给党的事业。"8点钟了，他送我到车站。下午7点钟，我乘火车到了安平，7点半钟就到了我原来的工厂——焦化厂。我走进党总支办公室，熊书记、李书记、吴厂长看见是我回来了，真是高兴。我也非常兴奋，好像见到了自己的亲人一样。他们真是热情地招待，给我倒茶，还给我做了饺子和鱼吃，把我安置在一间很温暖的房子里睡觉，还带我到厂内参观了现代化的机器生产。我见到了许多以前和我在一起工作的同志，感到高兴万分。他们有的还介绍了生产情况。我看到新建的焦炉都出焦了，想起自己为这焦炉的建筑贡献过一滴汗水，从心眼里感到十分骄傲和自豪。

## 11月8日

1960年11月8日，是我永远不能忘记的日子。今天，我光荣地加入了伟大的中国共产党，实现了自己最崇高的理想。

我激动的心啊！一时一刻都没有平静。伟大的党啊！英明的毛主席！有了您，才有了我的新生命。我在九死一生的火坑中挣扎和盼望光明的时刻，您把我拯救出来，给我吃的、穿的，还送我上学念书。我念完了高小，戴上了红领巾，加入了光荣的共青团，参加到了祖国的工业建设，又走上了保卫祖国的战斗岗位。在您的不断培养和教育下，我从一个孤苦伶仃的穷孩子，成长为一个有一定知识觉悟的共产党员。

伟大的党啊，您是我慈祥的母亲！我所有的一切都是属于您的，我要永远听您的话，在您的身下尽忠效力，永做您忠实的儿子。

今天我入了党，使我变得更加坚强，思想和眼界变得更加开朗

雷锋日记手稿

和远大。我是一个共产党员，人民的勤务员，为了全人类的自由、解放、幸福，哪怕高山、大海、巨川，为了党和人民的事业，就是入火海进刀山，我甘心情愿，头断骨粉，身红心赤，永远不变。

### 11月14日

今天早上，我和于助理员到达了安东××部队，首长们对我亲切的关怀和照顾，我真感到革命大家庭的温暖和幸福。

上午9点40分，首长要我给干部训练队作一次汇报。当我讲到旧社会的苦，痛苦的眼泪直掉。在座的首长和到会的同志们都十分同情我，有半数以上的人掉下了眼泪。会后他们进行了讨论，人人表示决心，一定要紧握手中武器，将革命进行到底。

晚上7点钟，看了一场电影，影片中的主角聂耳给我的印象最深。他是一个坚强的无产阶级的革命战士，是党的好儿子。他那种勇敢、坚强、机智、虚心、敢于斗争的精神，是值得我永远学习的。

### 11月15日

要把个人的热情和勇敢，服从革命的需要，才会发出最大的力量。

### 11月15日

我们决不能好了疮疤忘了疼。

在今天演出的评剧《血泪仇》里，看到了王东才、小贵芳他们遭到阶级敌人的迫害，甚至被强奸、逼死的惨景，不禁引起我无限辛酸的回忆。我出生在一个很贫穷的农民家庭，我父亲靠给地主当佃户来维持一家半饱的生活，终年辛勤地劳动，到了新年初一，全家五口人有米不到半升，哥哥只好领着我出去"送财神"，讨点饭回来吃。

……那时我虽然年纪小，对那些要命的野兽般的帝国主义和黑暗的社会是多么入骨地痛恨！那时我真想，要是有亲人搭救我，我一定要拿起枪，粉碎那些狗豺狼，为爹妈报仇。

自从来了人民的大救星、伟大的中国共产党，党把我从火坑中拯救出来……今天，在社会主义社会里，在革命的大家庭里，生活在伟大的毛泽东时代是多么幸福啊！对我来说，这是特别深切感受到的。我们决不能好了疮疤忘了疼，应该"饮水思源"。想想过去，看看现在，我们都不能不以革命的名义来对待一切事业，更高地举起毛泽东思想红旗，发扬革命先烈们艰苦奋斗的精神和优良的传统，全心全意地投入社会主义建设事业，做出更多更好的成绩，才不辜负先烈们的期望，才不辜负党和伟大的领袖毛主席对我们的关怀和鼓舞。

## 11月×日

今天我们处在一个翻天覆地、千变万化的时代，一个英雄辈出、百花盛开的时代，一个六亿人民精神振奋，斗志昂扬，意气风发的时代。在这样的时代里，我们应当鼓足更大的革命干劲，激发更大的革命热情，站得高些，更高些；看得远些，更远些！

### 11月20日

我在鞍钢开推土机时，车间主任给了我一个任务，要我带三个学员。我真十分惭愧，自己的技术不高，又怎能教好学员呢？可是，我想到这是党给我的任务，是人民对我的信任，我一定要坚决完成党交给我的这一艰巨的任务。在驾驶和学习机器的构造原理时，我和他们互相研究，我不懂的就去请教其他师傅，而后再告诉他们。由于这样，他们只有四个月的实习，就学会了推土机。毕业后，工厂要给我三十六元带学员的师傅钱，我没要，我学的技术是党培养的，今天告诉别人是应该的。

### 11月21日

今天是我永远不能忘记的日子。下午1点半钟，我在沈阳工程兵部见到了上级首长。首长们像慈父般地关怀和热爱我，在这最幸福的时刻，我高兴得连话也说不出来，只是流出了激动的热泪。政委对我说："受了阶级的压迫，受了民族的压迫，你没有忘本，很好啊！在旧社会受阶级压迫，剥削……穷人没出路，你听了毛主席的话，做了很多工作，做得很对。今天我们革命，不能忘本，忘本就很糟糕。以前做得很好，今后要继续这样做。要读毛主席的书，听毛主席的话，忠实于党，忠实于人民，忠实于毛主席。做出成绩，什么时候都是应该的，我们当革命者不能满足。要更加虚心，对领导要尊敬，对同志要团结，要努力做毛泽东时代的好战士，要做一个好的共产党员。"首长的教导，我深深地印在脑海里。我一定要好好学习和工作，永远听党的话，听毛主席的话，跟党走，做毛主席的好战士。

## 11月×日

一、学习毛主席的立场、观点、方法。

二、学习毛主席著作要分析当时历史背景。

（一）分析每篇文章对当时革命运动起了什么作用。

（二）主席为什么分析这个问题。

（三）主席在文章中提出几个什么观点。

（四）主席的方法论是什么。

（五）联系个人写心得体会。

## 11月27日

在今天的授奖大会上，工程兵党委授予我"模范共青团员"的光荣称号。……我真感到十分惭愧。我为党做的工作太少了，仅仅尽了一点点本身应尽的义务，党和人民却给了我这么大的荣誉。回想起我在旧社会……没吃、没穿，每天挨打、挨骂，辛辛苦苦地劳动，所得到的是满身伤痕。是慈祥的母亲——中国共产党和毛主席把我哺育大的，要是没有党和毛主席，就没有我的一切。今天我所取得的这一点点成绩，应归于不断培养教育我成长的党和毛主席，应归于热情帮助我进步的同志们。

我决心继续努力，保持荣誉，发扬光荣，永远听党的话，听毛主席的话，读主席书，做毛主席的好战士。

### 11月×日

今天，我生长在幸福的毛泽东时代，处处感到温暖。祖国到处都有我慈祥的母亲——伟大的中国共产党对我无微不至的关怀和教育。我这一点点贡献比起党对我的要求和期望还做得很不够。我决心听党的话，好好学习，忘我地工作，积极参加劳动，奋发图强，勤俭建设社会主义。

熟练手中武器，学好军事技术，时刻准备着，当党需要我，我一定挺身而出，不怕牺牲和一切困难，永远忠于党，忠于人民。继承长辈优良的革命传统，为保卫社会主义建设，为保卫世界和平，我要把自己可爱的青春献给祖国最壮丽的事业，做一个真正的共产主义革命战士……

### 12月8日

一个革命者，当他一进入革命的行列的时候，首先要确定坚定不移的革命人生观。树立这样的人生观，就必须注意培养自己的思想道德品质，处处为党的利益、为人民的利益着想，具有大公无私、舍己为人的风格，能够为党的利益、为集体的利益不惜牺牲自己的利益，否则就是个人主义者……

## 12月×日

今年1月，我响应了祖国的征召，走进中国人民解放军这个革命的大家庭里，这使我受到了从来没有享受过的温暖，首长一天到晚问寒问暖，在业余时间给我们讲战斗故事，鼓励我们好好学习，提高保卫祖国的本领，党和首长对我无微不至的关怀和教导，我真万分地感激，恨不得立刻把我的心掏出来献给伟大的党，我的心像大海的浪涛一样，好久不能平静。

我，一个在旧社会受尽阶级压迫和民族奴役之苦的孤儿，解放后，在党和毛主席的哺育和教导下，居然成长为一个国防军战士，光荣的共产党员，得到党和首长的信任，受到战友们的热爱，我真不知说什么好。

在这一年来的时间里，我无论在政治、军事、文化、技术上都有很大提高。例如：学到了很多军事知识，我才入伍时，不会投手榴弹，拿着假手榴弹还心惊肉跳，每次只能投十来米远，首长和战友给我讲要领，排长还把着我的手教，使我投弹取得了优秀的成绩。又如我过去是一个孤苦的穷孩子，根本不懂得什么叫政治。可是，一年来，由于指导员和其他首长经常找我谈话，鼓励我加强政治学习，由此对问题的分析和认识都有了很大提高，学习和工作做出了一点成绩。立了功，受了奖，并在今年11月光荣地加入了伟大的中国共产党，这是党和首长培养教育的结果，也是同志们帮助的结果，可以说在我的周身的每一个细胞里，都渗透了党的关怀。

我要永远记住毛主席的教导，把已取得的一些成绩，当作万里长征的第一步，当作下一个革命的起点。我决心在新的1961年当中，更深入、更持久地学下去。我深切地认识到：要想成长进步，要为党做更多的工作，就必须认真读毛主席的书。我一定要抓紧点滴时间进行学习，做到书不离身，有空就掏出来看一段，在明年读完《毛泽东选集》第四卷中的《抗日战争胜利后的时局和我们的方针》《关于重庆谈判》《关于目前国际形势的几点估计》《目前形势和我们的任务》《将革命进行到底》《论人民民主专政》《丢掉幻想，准备斗争》等重要文章，重读《毛泽东选集》一、二、三卷中的重要文章，坚决做到边学、边想、边改、边运用。我从开始学习毛主席著作那天起，就牢记住这样几句话："理论学习如果脱离实际，即使学得烂熟，但是表里不一、言行不一，仍然不能很好地改造思想。"所以理论学习应该联系实际，改造思想。我决心把毛主席思想的立场、观点、方法学到手，定要使毛主席的光辉思想在我的脑海里扎根，在我的一切实际行动中开花结果。与此同时，我要牢记毛主席的教导："虚心使人进步，骄傲使人落后。"我们最敬爱的领袖毛主席就是我们永远学习的光辉榜样，他老人家是多么谦虚呀！愿做群众的小学生。我呢？只是沧海之一粟，更应该虚心向群众学习。我一定要紧紧依靠党，依靠群众，永远做群众的小学生，永远听党的话，忠于党的事业，做毛主席的好战士。

## 12月27日

"为着阶级和民族的解放,为着党的事业的成功,我……不怕饥饿,不怕寒冷,不怕危险,不怕困难。屈辱,痛苦,一切难于忍受的生活,我都能忍受下去!这些都不能丝毫动摇我的决心,相反的,是更加磨炼我的意志!我能舍弃一切,但是不能舍弃党,舍弃阶级,舍弃革命事业。"

永垂不朽的革命烈士——方志敏同志是我永远学习的榜样。我出生在一个很贫穷的农民家庭,在旧社会受尽了折磨和痛苦,在慈祥的母亲中国共产党的不断哺育和教导下,居然成为一个国防军战士、光荣的共产党员。我要时刻准备着为党和阶级的最高利益,牺牲个人的一切,直至生命。

## 12月28日

马克思主义者认为,只有先做好群众的"学生",才能做好群众的"先生"。"先生"是"学生"的发展,却不是"学生"的终结。如果不愿再以学生的姿态出现,便不能继续再当"先生"。毛主席说:"没有满腔的热忱,没有眼睛向下的决心,没有求知的渴望,没有放下臭架子、甘当小学生的精神,是一定不能做,也一定做不好的。"

毛主席说:"我们必须学会自己不懂的东西。"他又说:"无产阶级的最尖锐最有效的武器只有一个,那就是严肃的战斗的科学态度。共产党不靠吓人吃饭,而是靠马克思列宁主义的真理吃饭,靠实事求是吃饭，靠科学吃饭。"

我在党和毛主席的不断哺育和教导下，健康地成长起来。由于政治觉悟的不断提高，树立了为共产主义而奋斗的大志，在工作和学习中取得了一点点成绩，这应该归功于党，归功于帮助我的同志们。我一定永远牢记毛主席的教导，永远做群众的小学生。

### ×月×日

雷锋同志：

青春：闪烁着共产主义火花的青春，在火花里不怕燃烧，在水里不会下沉。

### ×月×日

学习《整顿党的作风》。

对于马克思主义的理论，要能够精通它、应用它，精通的目的全在于应用。

坚决听毛主席的话，努力学习马克思主义的理论，并做到理论联系实际，改造思想，做好各种工作。

## 1961 年

### 1月1日

　　1960年已过去了，新的1961年在今天已开始。今天我感到特别地高兴。入伍一年来，我在党和首长的培养教导下，由于同志们的帮助，我学会了很多军事技术知识。刚入伍时什么也不懂，手拿着枪还心惊肉跳直怕走火。由于连、排首长把着我手教，因此我才学会了射击，投弹也是同样地取得了优秀的成绩。汽车理论和实际驾驶学习，每次测验也都是五分。从政治上也有很大的提高，特别是学习毛主席著作后，心里变得明亮了，思想和眼界变得更加开朗和远大了，干劲越来越足。由于政治觉悟的不断提高，因此才能在工作和学习中做出一点点成绩，并于1960年11月8日加入了伟大的中国共产党。我从一个流浪孤儿，成长为一个共产党员，这完全是党的培养教育、同志们帮助的结果。……我要永远忠于党，保卫党的利益，为党的事业奋斗终身。

### 1月18日

　　在我们前进的道路上，不可能不遇到一些暂时的困难，这些困难的实质，"纸老虎"而已。

　　问题是我们见虎而逃呢，还是"遇虎而打"？

　　"哪儿有困难就到哪儿去"——不但"遇虎而打"，而且进一步"找虎而打",这是崇高的共产主义风格。

### 1月30日

团首长要我从抚顺来到了驻××部队参加"两忆三查"的运动。昨天我在军人大会上忆了苦,到会的一千多名战友以及家属都很同情我过去受的阶级苦和民族苦,都掉下了辛酸的眼泪……

今天我找了一个战友谈心。我问他在旧社会受过苦没有?他低下了头回答说:"我爸被日本鬼子抓走去当劳工,冬天冻死了,三岁的小弟弟被饿死了,妈带着我要饭,受尽了折磨和痛苦。"我又问他:"在旧社会里,为什么穷人受苦、富人享福呢?"他说:"穷人在旧社会命不好,富人的八字好,运气好。"我说:"过去所谓的富人——地主、资产阶级,现在都垮了台,穷人都当了国家的主人。这难道说富人的八字就不好了吗?穷人的命就都好了么?"

他两眼看着我,答不上来。他为什么回答不上来呢?主要是他还有迷信思想,没有掌握阶级分析的武器。……必须从阶级根源上来找原因,来认识它。一件事物为什么这样,怎么会这样,它符合哪个阶级的利益,不符合哪个阶级的利益,这样一分析它的性质就清楚了,是非就明白了,就能正确对待它了……

### 2月2日

今天我从营口乘火车到兄弟部队作报告。下车时,大北风刺骨地刮,地上盖着一层雪,显得很冷。我见到一位老太太没戴手套,两手捂着嘴，口里吹一点热气温手。我立即取下了自己的手套，送给了那位老太太。她老人家望着我，满眼含着热泪，半天说不出话来。……一路上，我的手虽冻得像针扎一样，心中却有一种说不出的愉快。

## 2月3日

今天我到达了海城××部队后，上午作了一场报告，下午我和郅顺义老英雄见了面。……老英雄抚摸着我的头，紧紧地握着我的手，亲切地问我多大年纪，什么时候入伍的，同时还倒给我一杯茶。当时我的心像抱着一只小兔子一样，怦怦直跳，有一肚子话可不知咋样说好。我听说老英雄是董存瑞的亲密战友，我的心像压不住似的，像要往外蹦，万分敬佩和羡慕地叫他给我讲董存瑞的英雄事迹。我听他说："董存瑞是六班的班长，我是七班的班长。在1948年5月25日打隆化县的时候，董存瑞在爆破组，我在突击组，我们的任务是要去炸掉敌人的四个碉堡和五个地堡。我们两个组牺牲了六个人，每组只剩下两个人了，董存瑞对我说：'就是剩一个人也要坚持战斗，不完成任务不回队！'在炸最后一个碉堡的时候，董存瑞用手举着炸药包，炸掉了敌人的碉堡，完成了战斗任务，我敬爱的革命战友董存瑞就这样英勇地为党的事业而光荣地牺牲了。"我听到老英雄讲完董存瑞的英雄事迹后，我的心像大海的浪涛一样，久久不能平静，我感动得满眼热泪直掉。

董存瑞英雄对敌人万分的愤恨，对党和人民无限的忠诚。在战争当中，英勇顽强，丝毫不畏缩，为民族的解放牺牲自己。董存瑞英雄是我永远学习的好榜样，我一定要为党和阶级的崇高事业，随时准备牺牲自己的一切，直至生命。

郅顺义老英雄是我永远学习的活榜样，他在战斗当中，勇敢、坚定、机动灵活，他俘虏敌人一百四十人，缴获机枪四十多支。他勇敢地消灭了敌人，保存了自己。

董存瑞和郅顺义两英雄的事迹，深深地教育了我，给了我莫大的鼓舞和无穷的力量，我一定要时刻用这些英雄的事迹来鞭策自己，永远忠于党，忠于人民。

## 2月16日

今天我没去看剧，在家学习毛主席著作。毛主席教导我们说："关心党和群众比关心个人为重，关心他人比关心自己为重。"毛主席的这些话深深地教育了我，使我的心豁然地明亮了。我领到连部发给我的一斤苹果，怎么也舍不得吃，用自己心爱的手绢包了起来，放进了挂包里，心想来了客人给他们吃。

今天，学习了毛主席著作后，思想变得开朗了，想起了在病院里的伤病员同志，他们在新年佳节的时候，是多么需要人去安慰啊！我是人民的子弟兵，应该去好好慰问那些伤病员同志。把自己领到的一点点吃的东西送给伤病员吃，不是更有意义吗？下午3点钟，我拿着一斤苹果，连同自己写好的一封慰问信送给了抚顺市望花区职工西部医院。

### 2月17日

今日是春节假期的第四天。吃早饭的时候，连值班员说："上午9点集合到和平俱乐部看电影。"有一个同志问了一句："是什么片子？"他说："是《昆仑铁骑》。"大家都说："好极了，可不要错过这个机会。"我一面吃饭，一边想：春节五天假期快过完了，19号就要开始冬训。为了响应党的号召，支援农业第一线，争取今年农业大丰收，我还是去多积点肥，支援人民公社。这样做有两个好处。第一，以实际行动支援农业，给社员们是一个鼓励，同时也更密切了军民关系。第二，替居民搞了卫生。因小孩在屋前屋后拉了很多大粪，看起来脏得很，我去把大粪捡起来，给居民把地扫干净，这真是一件一举两得的好事，既搞了卫生又积了肥。说干就干，我推着手推车，拿着铁锹和粪筐，走到了望花区北后屯，看见了工人住宅的屋前屋后有很多一小堆一小堆的粪便，我便立刻捡了起来。一位老大爷从宿舍里出来，很惊奇地问我："军人同志，你们过节还不休息么？"我回答说："响应党的号召，捡点大粪，支援农业，争取今年粮食大丰收嘛。"那位老大爷点点头，笑着说："好哇！好哇！你真想得周到，过年也不歇着，捡大粪送给公社，这得好好地表扬啦，这种精神也值得大伙学习呀！"我对老大爷说："支援人民公社，这是我应尽的义务。"那位老大爷很热情地叫我到他家里去休息一会儿，我谢了谢他老人家的好意，推着车子走了。到了下午2点钟，我捡了满满一车大粪，送给了望花区工农人民公社。人民公社的负责同志都很受感动……

### 2月20日

……廖初江战友也来了,我见到他,真感到格外地高兴。我紧紧地握住他的手不放,一同走出车站,乘小吉普车来到他们师部招待所。首长对我无微不至的关怀和爱护,我真不知说什么好,只被感动得满眼含着热泪。

我和廖初江战友挨着坐在一条凳子上,他的手很自然地搭在了我的肩上。他和我亲切地谈起了家常话,他给我签了字,同时,张助理员还给我们拍了一张照片。

### 2月21日

……以实际问题为中心,到毛主席著作中找答案,按主席指示办事,学习公式:问题——学习,实践——总结。

一、学习主席著作与改造自己思想相结合,树立全心全意为人民服务的思想和辩证唯物主义世界观。

二、学习主席著作与改进自己的工作相结合。

三、学习主席著作与搞好训练和提高技术相结合,指导自己学习技术。

四、国内外形势和党的方针任务、政策相结合。

### 3月3日

今天我学习了毛著。主席有一段话,对我的教育最深刻,启发最大。

毛主席说："紧紧地和中国人民站在一起，全心全意地为中国人民服务，就是这个军队的唯一的宗旨。"我是人民的子弟兵，一定要永远牢记党和毛主席的教导，无论什么时候，都要关怀爱护人民群众的利益，为人民群众的利益而战斗不息。

我们的党、政府和全国人民对革命军人的关怀和照顾，是无微不至的。作为一个革命战士的我，是多么地自豪啊！但是我不能骄傲，一定牢牢记住党和人民对我的嘱托，努力学习，积极工作，勇敢战斗，保持和发扬人民军队的优良传统。

…………

## 3月4日

今天连长发给我一支新枪，我真像得到了宝贝一样，乐得连话都说不出来。看看那锋利而又发亮的刺刀，摸摸那光滑的机柄，数着崭新的子弹，简直高兴得不知如何是好，生怕把枪弄脏了。看到枪机上落了一点点灰尘，我立即从衣兜里掏出自己心爱的手绢，把灰尘擦得一干二净。

人民给我这支枪，我一定要好好保管和爱护。向党和人民保证，决心勤学苦练，定要练出真正的硬本领，坚决保卫我们的社会主义建设，捍卫我们伟大的祖国，随时准备给侵略者致命的打击。

这支枪是我的，是革命给我的！

要想从我这里夺去，我宁愿战斗而死！

对党和人民要万分忠诚，对敌人越诡诈越好。

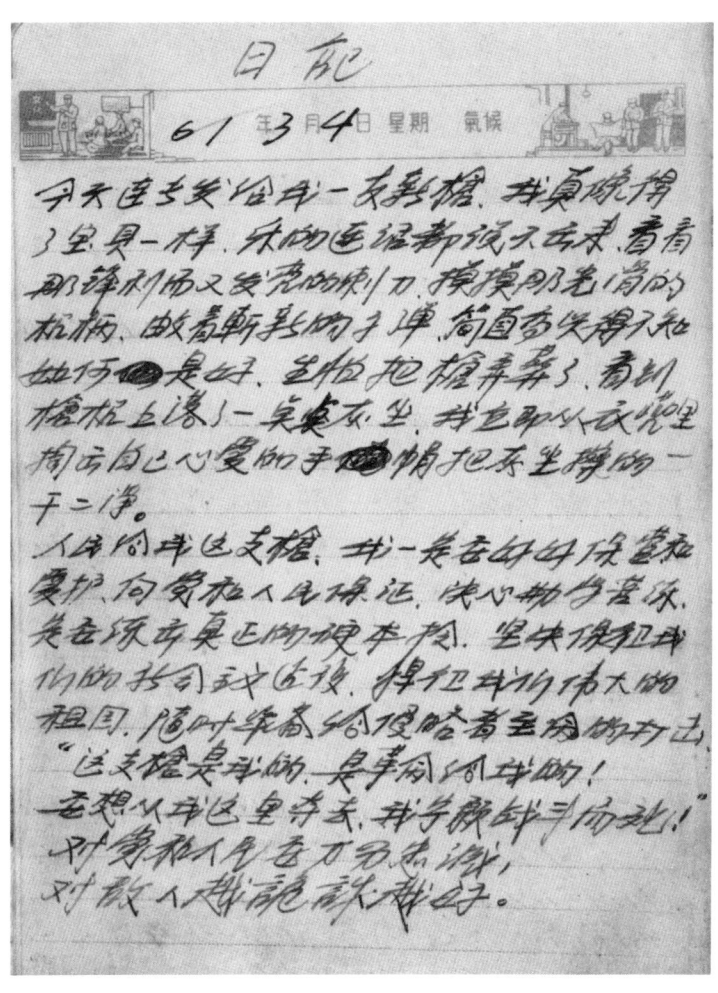

雷锋日记手稿

### 3月16日

世界上最光荣的事——劳动。

世界上最体面的人——劳动者。

### 3月×日

时代的美。

战士那褪了色的、补了补丁的黄军装是最美的;工人那一身油渍斑斑的蓝工装是最美的;农民那一双粗壮的、满是厚茧的手是最美的;劳动人民那被烈日晒得黝黑的脸是最美的;粗犷雄壮的劳动号子是最美的;为社会主义建设孜孜不倦地工作的人的灵魂是最美的。这一切构成了我们时代的美。如果谁认为这并不美,那他就不懂得我们的时代。

### 3月×日

凡是脑子里只有人民、没有自己的人,就一定能得到崇高的荣誉和威信。反之,如果脑子里只有个人、没有人民的人,他们迟早会被人民唾弃。

### 3月×日

汽车驾驶经验:会车时,因为灰尘大,让发动机熄火,利用惯性冲力滑行,等飞扬的尘土消失后再开电门。每当汽车开到灰尘较大的路线上,停下车子,用涂有黄油的大布给滤清器戴上"口罩"。

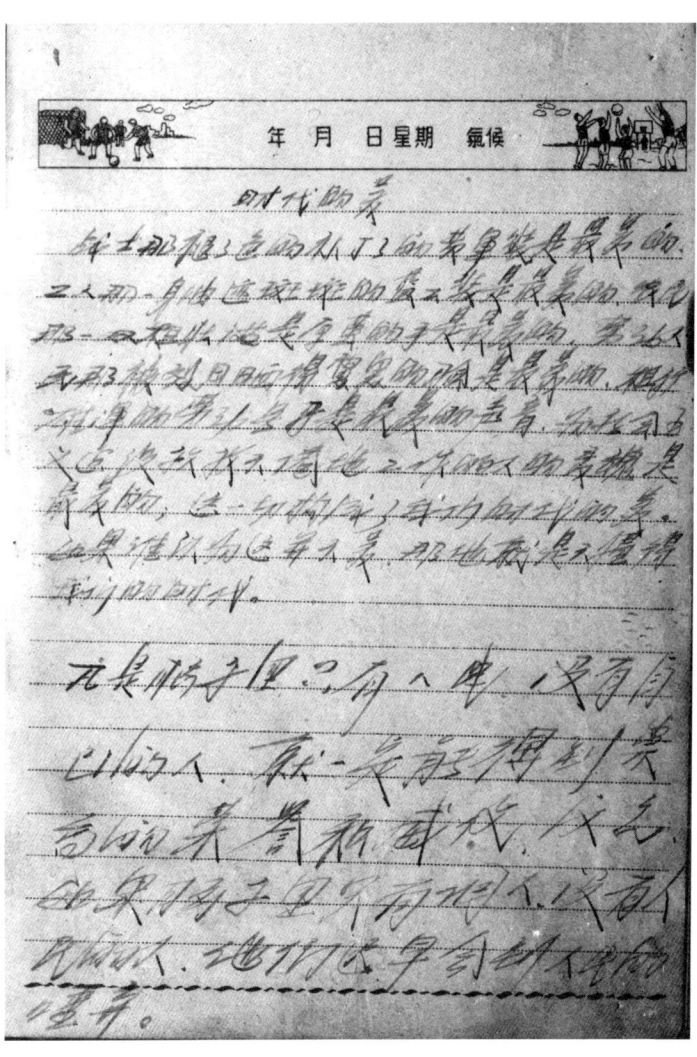

雷锋日记手稿

不要抢道，遇有会车、险道、便道、过桥过河、上下坡、拐弯，要"慢、让、站、看"。正常行驶中保持四十公里左右的速度。保证车况良好，安全生产，持续运行，从实际效果上看这种慢就是快，否则快就是害。

"只要人听党的话，车子就会听人的话。""我们光感到新社会好，还是很不够的，还要用自己的劳动使它变得更好。"

"汽车是党和人民给我们建设社会主义的武器，每个驾驶员爱不爱这个武器，爱到什么程度，这决定于每个驾驶员的阶级觉悟。"

事实证明：只要付出了艰苦的劳动，车子就会听使唤，平时不愿下苦心，不肯做艰苦细致的工作，要想车况好，那就像坐着不动，想让苹果掉到嘴里来一样，是根本不可能的事。

## 4月×日

当你在最困难、最危险甚至威胁自己生命之时，也能严格地遵守纪律，那就是好党员。我要做一个名副其实的好党员。

## 4月15日

毛主席教导我们说："任何新生事物的成长都是要经过艰难曲折的。在社会主义事业中，要想不经过艰难曲折，不付出极大努力，总是一帆风顺，容易得到成功，这种想法只是幻想。"

共产党所以能够领导人民群众，正因为，而且仅仅因为，它是人民群众的全心全意的服务者，它反映人民群众的利益和意志，并努力帮助人民群众组织起来，为自己的利益和意志而斗争。

### 4月16日

热情，像熊熊的火焰，是一切的原动力！

有了伟大的热情，才有伟大的行动！

今天是星期日，有的同志叫我上街看电影……在这风和日丽的春天里，正是农忙的季节，公社的社员们都在紧张而又忙碌地耕地、播种。我是一个农家的孩子，现在虽然成了一名祖国的保卫者，可是我有责任支农，改变农村的面貌，为农业早日机械化、电气化贡献一点力量。

想到这些，我哪里有心看电影呢？拿着铁锹跑到了抚顺李石寨人民公社万众生产大队，和社员们一起翻地。他们的革命干劲深深地教育和鼓舞了我，他们建设新农村的革命热情是万分高涨的。我真正地懂得了群众的力量能移山填海，只有群众的力量是无穷无尽的。一个人的力量总是沧海一粟，我决心永远和群众牢牢地焊在一起，为人类最美好幸福的生活而斗争。

### 4月17日

今天连部召开了一个党团员积极分子大会。听首长说：因近两年来我国遭到特大的自然灾害，给我们造成了一些暂时的困难。可是目前阶级敌人有所抬头，想乘机破坏我们的社会主义建设。我听了心里直发火，恨之入骨。解放前，我家里很穷，父母兄长都死在民族敌人和阶级敌人的手里。这个血海深仇，我永远铭记在心。解放后，伟大的共产党拯救了我，党像慈父般地哺育和教育着我。从解放的那天起，党和毛主席便成了我心上的太阳；对阶级敌人更加憎恨。由于不断受到党的教育，我懂得了阶级斗争。像我这样的穷苦人，不斗争就没有出路……

现在我是一个共产党员，"一个共产党员，只有当他闭上了眼睛的时候，才有权利停止斗争"。我决心为党和阶级的最高利益斗争到底。

## 4月20日

当我在今天的报纸上看到美国强盗侵略古巴的滔天罪行，心如烈火燃烧，恨之入骨，我恨不得立刻长上翅膀，飞到古巴，和英雄的古巴人民一道，粉碎美帝狗豺狼。

美帝国主义是全世界人民的死敌。它做尽了坏事。它这种垂死的挣扎，注定要失败。英雄的古巴人民，已经站起来了，大风是吹不掉月亮的，古巴人民必胜。

毛主席早就教导我们："美帝国主义是外强中干的。我们要有清醒的头脑，这里包括不相信帝国主义的'好话'和不害怕帝国主义的恐吓。"

从许多侵略古巴的罪行证明：狼还是狼，变成了佛也是假的。要想美帝国主义发出善心，改变它吃人的豺狼本性是不可能的，不给侵略者很大的打击，和平是不会来的。

毛主席说："凡是反动的东西，你不打，它就不倒。"对于美帝国主义也是如此。只有我们全世界的劳动人民紧紧地团结起来，组织强大的力量，把它们彻底消灭，它们也就彻底舒服了。只有这样，才能求得我们的彻底解放。

英雄的古巴人民的斗争，一定能取得最后胜利。他们不是孤立的，有全世界人民的大力支持，人心归向，志气高涨，他们的斗争是正义的，是代表进步的，那些敢于侵犯古巴的美国强盗，必将碰得头破血流，以可耻的失败告终。

## 4月22日

学问，它是包括两个方面：一个是学，一个是问。

学，很重要，不学无术，就没有本领为社会主义建设服务。只有踏踏实实地学，认真地学，才能使自己变得聪明，才能为祖国贡献出更多的力量。世界上可学的东西很多，学的道路也很广，可以从书本上学，从工作中学，从实践中学。活到老，学到老。我们知道人的生命是有限的，知识是无穷无尽的，我们要把有限的生命投入到无穷的知识中去。

但是要学好，离不开问。在学习过程中，会遇到许多疑难问题不能解决，这就要"问"。自己不懂应该大胆发问，请教别人，以求甚解。问人，首先需要问己，在自己一再思考难以解决的情况下，再问别人，这样，才懂得透彻。在学问的过程中，应防止骄傲自满。毛主席教导我们说："学习的敌人是自己的满足，要认真学习一点东西，必须从不自满开始。"我们要牢牢记住毛主席的教导，踏踏实实地求得真正的学问。

## 4月23日

今天早上接到上级首长的指示，要我到旅顺海军部队汇报。上午10点15分，我和军区的董记者、张助理员一同乘火车离沈（阳）去旅（顺）。列车上的旅客很多，我看服务员忙不过来，心想，自己是一个共产党员，共产党员的全部任务就是全心全意为人民服务。在这种情况下，我应当做一名义务服务员，为旅客们服务。我把自己的座位让给了一个老大娘，自己在车上找到了一把扫把，挨个扫完了整个车厢，接着又擦玻璃和车厢，而后给旅客们倒开水。有个老太太很亲切地对我说："孩子，看你累得满头大汗，该休息啦。"我回答说："没什么！"……一个大尉首长站起来握着我的手说："大家应该向你学习。"我对首长说："为人民服务，这是我应尽的义务。"

列车在飞奔，旅客们个个心情舒畅，打扑克的打扑克，唱歌的唱歌，有的唠家常，还有的妇女逗小孩，广播员播送着各种新闻和好听的歌曲，整个车厢充满了愉快和欢乐。

"旅客们注意啦！现在我们车厢要选一位旅客安全代表。"乘务员说。一位旅客站起来说："选这位解放军同志，大家同不同意啊？"旅客们都异口同声地说："好。"我真感到这是同志们对我高度的信任，那么，应该更好地关心大家。和旅客打交道，真好极了，原先不认识的，也认识了，亲热得像一家人一样，真是有啥说啥。旅客们有事都找我，但我并不感到麻烦，反而觉得荣幸。……

### 4月24日

我到了××部队，好几个战友的眼睛出神地看着我。其中一个同志说："是雷锋！"另一个上士同志说："不是，雷锋一定是下士了，哪能还是一个上等兵呢？他可能是雷锋班里的战士吧。"他们都不敢肯定我是不是，和我一同去的季增同志对他们说："你们不认识他吗？他就是雷锋。"我笑着和他们握了手，并问好。其中有个战友可有意思，他伸出大拇指对我说："你是这个，呱呱叫的，起先我们都不敢认你，想必你一定是个下士了。"我笑着回答说："当兵很好嘛，都是为着一个目标——实现共产主义。"

我仔细分析了一下，他们想我一定是下士了，也许是有点"根据"。因报纸上都宣传过，同时党和首长都很信任，一定要提升得快一些。可是他们没考虑到工作需不需要的问题。为了党和人民的事业，我总想多贡献一点力量，那些个人的军衔级别，我真没时间考虑。

### 4月×日

挤时间读书：早起点，晚睡点，饭前饭后挤一点，行军走路想着点，外出开会抓紧点，星期假日多学点。

如果不积累许多个半步，就不能走完千里。

### 4月27日

今天上午，我在旅顺海军××舰上，向海军首长和战友汇报了自己的一切工作、学习和生活在两个不同的社会里的两种不同的命运的情况。当我讲到在旧社会那种悲惨遭遇时，舰长和海军战友都掉下了眼泪，我更是悲痛万分！我是无产阶级革命战士，只有化悲痛为一切前进力量，将革命进行到底，为人类的解放而斗争。

下午1点钟，我乘火车离旅顺回沈阳。在列车上看到一位有病的老大爷，我把座位让给了他老人家，并问他是什么病，他半天才说了一句："痨病十多年啦！"我问他在旅行当中有什么困难，他说："我到丹东还差一元钱买车票，我还没吃午饭呢！"毛主席教导我们说："我们的同志不论到什么地方，都要把和群众的关系搞好，要关心群众，帮助他们解决困难。"于是，我帮助他解决了旅途中的困难。

### 4月28日

现在，我们国家处于困难时期。我们是国家的主人，应该处处为国家着想，事事要精打细算，不能今朝有酒今朝醉，明日愁来明日忧。我们要奋发图强，自力更生，克服当前存在的暂时困难，坚决反对大吃大喝，力戒浪费。

…………

同志，你是否意识到你的一切生活在幸福之中？可能意识不到，也可能意识到了。当你能吃一顿饱饭，穿上一套衣服，能当家做主，自由地生活，你有如何感觉呢？有一种说不出的幸福感。这是党和毛主席给你带来的，是革命前辈流血牺牲给你带来的。

### 4月×日[①]

毛主席著作对我来说好比粮食和武器，好比汽车上的方向盘。人不吃饭不行，打仗没有武器不行，开车没有方向盘不行，干革命不学习毛主席著作不行！

### 4月30日

毛主席指示我们："要提倡勤俭建国。要使全体青年们懂得，我们的国家现在还是一个很穷的国家，并且不可能在很短的时间内改变这种状态，全靠青年和全体人民在几十年时间内，团结奋斗，用自己的双手创造出一个富强的国家。社会主义制度的建立给我们开辟了一条达到理想境界的道路，而理想境界的实现还要靠我们的辛勤劳动。有些青年人以为到了社会主义社会，就应当什么都好了，就可以不费力气享受现成的幸福生活了，这是一种不实际的想法。"

毛主席的话给了我深刻的教育和启发。根据我国目前的情况来

---

[①] 此篇非雷锋所写日记，摘自雷锋在沈阳军区工程兵部队第六届共青团代表大会上的发言。

看，还存在着许多困难。例如，当前的粮食供应不足，市场供应紧张等，都是因为遇到自然灾害给我们造成的暂时困难。为着克服这些困难，就要十分地听党和毛主席的话，一切做长期打算……注意节约。

今天司务长发给我两套单军衣和两套衬衣，我只各领了一套，剩下那两套衣服交给了国家，以减少国家的开支，支援祖国的建设。

## 5月1日

今天是伟大的"五一"国际劳动节，我感到特别地高兴。为了纪念这个伟大的节日，我没有上街看热闹，把房前屋后、室内室外干干净净地打扫了一遍，帮助炊事班洗菜、切菜、做饭，用了三个小时，其他大部分时间用于学习《王若飞在狱中》这篇文章。我读了一遍又一遍，越看越爱看，越读越感动。读完之后深深感到，我们不应该忘记过去！

在旧社会里，广大劳动人民受着国民党反动派的剥削压迫，过着牛马不如的生活。在惨无人道的旧社会里，有多少人像刘宝全这样白白地死去啊！

和千千万万受剥削受压迫的劳动人民一样，在旧社会里，我家也受尽了旧制度的折磨和凌辱……解放了，我才脱出苦海见青天！革命前辈用生命和鲜血拯救了我，伟大的共产党和毛主席拯救了我！……我要永远听党的话，永不忘记过去，为了共产主义事业，要像王若飞同志那样，永生战斗！

## 5月2日

我在《前进报》上看到"毛主席的好战士，人民的好儿子"——共产党员郑春满同志舍己救人的英雄事迹后，感动得流出了眼泪。他在抢救两个孩子的生命与怒涛漩涡搏斗中，光荣地献出了自己的宝贵生命。我为失去一个这样好的阶级兄弟而感到十分沉痛。同时，也为有这样一个在党和毛主席教导下，在革命军队烘炉里熔炼成长起来的真正优秀的阶级兄弟而感到光荣和骄傲。

郑春满同志的这种见义勇为、舍己救人的英雄行为，表现了无产阶级的最高尚的品德，充分地反映了人民军队的本质。毛主席教导我们的："……紧紧地和中国人民站在一起，全心全意地为中国人民服务，就是这个军队的唯一的宗旨。"他忠诚地按照毛主席的教导，把自己锻炼成为一个真正的革命战士。我要学习他那舍己为人的精神，为共产主义奋斗终身。

## 5月3日

我看到一位同志做了一件损公利己的事，心里过不去，立即批评和制止了他。爱护国家和人民财产是我的责任，不能不管，今后还应该大胆地管。

牢牢记住，并且要贯穿到自己的生活和实际行动中去——革命的利益高于一切，处处为集体利益而不惜牺牲个人的一切。

毛主席说过："无数革命先烈为了人民的利益牺牲了他们的生命，使我们每个活着的人想起他们就心里难过，难道我们还有什么个人利益不能牺牲，还有什么错误不能抛弃吗？"我想，那位同志太自私自利了，没有集体主义思想。对于这种人脑子中落后的东西，我们要去扫除，就像用扫帚扫房子一样，从来没有不经过打扫而自动去掉的灰尘。坚决按照毛主席的指示办事。

## 5月3日

听毛主席的话，做一个有益于人民的人。

今天早上，下着大雨，我因公从抚顺到沈阳。早5点钟从家出发，在到车站的路上，看到一位妇女背着小孩，手还拉着一个六七岁的小女孩去赶车。他们母子三人都没有穿雨衣。那个小女孩因掉进泥坑里，弄了一身泥，一边走还一边哭。看到这种情况，我立刻想起了毛主席教导我们的，无论到什么地方都要关心群众，帮他们解决困难。我急忙跑上前去，脱下自己的雨衣披在那位背小孩妇女的身上，马上又背起那个小女孩一同到了车站。上车后，我见那小女孩冻得直打战，全身没有一点干处，头发还在掉水。咋办呢？我摸着自己一身衣服也湿了，急忙解开外衣，发现贴身的那件绒衣是干的，便立即脱下来穿在了那个小女孩的身上。听他们说没吃早饭就来赶车了，我把早上没吃的三个馒头送给了他们。上午9点钟，列车到了沈阳站，我没顾到肚子饿，又背着那个小女孩跟随她母亲，把他们送到家里。我要离开她家的时候，那位妇女紧紧地握着我的手不放，激动地说："同志！我怎么感谢你呢？"说着热泪滚滚直掉，把我也感动得不知说啥好。"你不要感谢我，应该感谢党和毛主席！"这是我从内心深处说出来的一句话。

通过学习毛主席著作和自己的实践，我深刻地认识到，毛泽东思想是做好一切工作的根本保证。今后，我要更好地学习毛主席著作，用毛主席的思想武装自己的头脑，指导自己的一切行动，永远做一个有益于人民的人。

## 5月4日

党和毛主席救了我的命，是我慈祥的母亲。我为党做了些什么？当我想起党的恩情，恨不得立刻掏出自己的心；当我想起我所经历的一切太平凡了的时候，我就时刻准备着：当党和人民需要我的时候，我愿意献出自己的一切。

## 5月14日

今天是星期日，我出了一天公差，帮炊事班做饭。一方面给大家改善生活，做点好吃的；另一方面让炊事员很好地休息一下，以处理一些个人的琐事。

晚饭后，指导员集合全连的同志开了一个会，布置下星期的工作，同时还宣布了上级的一个命令，提升我当副班长。……今天提升我当副班长，完全是党对我的高度信任和大力的培养。我决心不辜负党和首长对我的期望。从今天起，我要更好地听党和首长的话，并牢记毛主席的教导："我们都是来自五湖四海，为了一个共同的革命目标，走到一起来了。""我们的干部要关心每一个战士，一切革命队伍里的人都要互相关心，互相爱护，互相帮助。"坚决按毛主席指示办事，努力学习马克思列宁主义和毛泽东思想，处处坚持政治挂帅，事事以身作则，用阶级友爱的精神关心每个同志；以自己的实际行动，去影响和帮助同志，时时严格要求自己，全心全意为党工作，为战友们服务；耐心帮助同志们提高共产主义觉悟，组织大家更好地学习毛主席著作，用毛主席的思想指导一切行动，和全班的同志团结一心……

## 5月20日

目前我们的军事训练很紧张，干部战士的工作、学习简直忙得不可开交，晚饭后的一个小时休息时间，大家都主动地到地里搞生产，有些战友连上街理个发的时间也抽不出来。根据这种情况，首长给我们买了三套理发的工具，要我们自己互相理发……我利用业余时间，跑到附近的理发店，请教理发师，在理发师的耐心指导和帮助下，学会了基本的操作方法。

我第一次给战友刘正武理发时，总是感到手不顺心，推剪夹头发，一个头还没有理到一半，他说剪刀夹得头皮痛，不剪了。开头一次学理发失败了。

…………

我鼓足了勇气，午休不睡觉，跑到理发店继续学习，在理发师的热情帮助下，一次、两次、三次，终于学会了理发。现在战友们都愿意要我理发了，到了星期六或星期日，我就忙不开。以前不要我理发的刘正武战友，也主动地要我给他理发了。

## 6月15日

目前，我发现有少数战友不遵守纪律，生活稀拉。有的同志不请假外出，吹了起床哨，还有的睡着不动。我看这种现象是很不好，应该及时扭转。

军队，它是战斗的集体，要有严格的组织纪律，一切要适应于战斗的需要。很难设想一支锣鼓不齐、行动不一的军队，在战场上能打败敌人、取得胜利。

我今天在报纸上看了一篇文章，对我的启发教育很大。文章是这样写的：

诸葛亮用兵如神闻名，但在他的一生中也曾有过失利的战斗，比如街亭失守。这次战斗失利，使诸葛亮由主动变被动，最后不得不进行战略退却。街亭失守，原因固然很多，但和守将马谡没能严格执行命令，大有关系。马谡领受任务时，诸葛亮再三叮咛："街亭虽小，但关系甚重，倘街亭有失，我大军休矣！"并说："此地既无城郭，又无险阻，此地下寨必当要道之处。"但马谡引兵到达街亭后，却完全不以诸葛亮的话为意，认为"当道岂是下寨之地"，于是自作聪明地屯兵在山上。因而，被司马懿乘机切断汲水道路，使山上无水，军不得食，引起军营大乱。马谡不得不放弃街亭，败军折将，失地弃城，落荒而逃。为了严明军纪，诸葛亮流着眼泪将马谡斩首。

马谡违反命令，是忽视了军令之严，因而遭受惨败。诸葛亮挥泪斩马谡，又是在维护军纪之严。可见，"严"字是从多次流血的经验中总结而来的。

然而，我们革命军队的严，又和历史上的一切旧军队不同，单纯依靠军令、军法压服，是旧军队取得"严"字的手段。我们革命军队，不仅有着严格管理的一面，而且有着耐心说服的一面，不仅存在着自上而下严格要求的一面，而且也存在着自下而上自觉遵守纪律、坚决服从管理的一面。伟大的战士邱少云，就是自觉遵守纪律的典范，我们应该学习。一个革命者，一个共产党员，应该是大公无私，为革命，为集体，不为个人，革命处境越是困难，越是需要每个成员更加英勇地坚持斗争。

## 6月29日

"你们有许多的长处，有很大的功劳，但是你们切记不可以骄傲。你们被大家尊敬，是应当的，但是也容易因此引起骄傲。如果你们骄傲起来，不虚心，不再努力，不尊重人家，不尊重干部，不尊重群众，你们就会当不成英雄和模范了。过去已有一些这样的人，希望你们不要学他们。"

毛主席的这一段话，对我有很大的启发和教育。十多年来，我在党的不断培养和教育下，提高了政治思想觉悟，树立了为共产主义事业奋斗到底的雄心大志，因此在各项工作和学习中取得了一点点成绩，党和人民给予了我很大的荣誉。自从去年各报刊和广播电台介绍了我的情况以后,收到了全国各地许多青年的来信。今天党对我这样信任,同志们对我这样尊重,我一定要更加虚心,尊重大家,努力学习,忘我工作,时时牢记毛主席的教导,永远做一个人民的小学生。

## ×月×日

学习《论人民民主专政》。

整个革命历史证明,没有工人阶级的领导,革命就要失败;有了工人阶级的领导,革命就胜利了。在帝国主义时代,任何国家的任何别的阶级,都不能领导任何真正的革命达到胜利。

工人阶级是最先进、最觉悟、最有组织纪律、最有前途的阶级。工人阶级在旧社会受剥削受压迫最深,生活不如牛马,要求革命最坚决,革命最彻底。我国人民在工人阶级先锋队——伟大的中国共产党的正确领导下,取得了革命的伟大胜利,取得了社会主义建设巨大成就,将来会取得一个更美好的共产主义社会。

## 7月1日

今天早上起来,我感到格外地高兴,原因不是别的,昨晚我梦见了伟大的领袖毛主席。正好今天又是党建立四十周年的纪念日。今天,我有向党说不尽的话,感不尽的恩,表不完为党终身奋斗的决心。

我,一个孤苦的穷孩子,今天成长为一个解放军战士、光荣的共产党员，并当选为抚顺市人民代表，这一切是我做梦也想不到的。可以肯定地说，没有共产党，就没有我。每当朋友和同学及许多不相识的同志来信称赞我，羡慕我的进步的时候，我就感到很不安。我像一个学走路的孩子，党像母亲一样扶着我，领着我，教会我走路。我每成长一分，前进一步，这里面都渗透着党的亲切关怀和苦心栽培。

…………

亲爱的党，我慈祥的母亲，我要永远做您的忠实儿子……为建设社会主义和实现共产主义而献出自己的全部力量，直至生命。

## 7月2日

今天，战友×××在队列当中稀稀拉拉，九班长看见后发了火，好顿批评，可是×××同志置之不理。下操后，×××同志说："九班长态度粗暴，我懒得听他的。"

这件事引起了很多人的议论。有人说："九班长的脾气不好，有事爱发火，他的心可是好的。"我认为这种说法不够正确。毛主席说过："真正的好心，必须顾及效果。"抱着好心而又好对同志发脾气的人，常常是效果不好。既然效果不好，这好心又表现在哪里呢？这好心对革命、对同志又带来了什么好处呢？

这件事，我认为九班长应该对×××进行耐心说服教育才对，在队列中对×××发态度，达不到教育目的。我们都是阶级兄弟，应该互相帮助，共同进步。

## 8月3日

今天是我永远不能忘记的日子，我光荣地参加了抚顺市第四届人民代表大会第一次会议。像我这样一个孤苦的穷孩子，能够参加这样的大会，心里有说不出的高兴和感激。

首先我要衷心地感谢党和毛主席把我从虎口中救出来，把我抚育成人，教给我无产阶级的思想，感谢政府对我的亲切关怀和照顾，感激人民对我的爱戴。今天我深刻地认识到，只有在党和毛主席的正确领导下，才有我们穷人的天下，才有穷苦大众当家做主的权利，才有我们今天幸福的新生活。

…………

我们的党，是英明的、伟大的、正确的。我要坚决听党的话，一辈子跟着党走，认真贯彻党的方针政策，对党有利的话，有益的事，我要多说、多做；对党不利的话，没有益的事，我坚决不说、不做。我要全心全意为人民服务，永生为伟大的共产主义事业而奋斗。

## 8月6日

我看见有六位六七十岁的老太太来参加抚顺市第四届人民代表大会，内心十分羡慕和尊敬。我看到她们就好像看到了自己的祖母一样。我拉着她们的手，微笑地向她们问好，并把她们一个个送到宿舍，给她们倒茶、打水……并和她们有趣地拉家常。……从阶级友爱出发，我不但爱这些老太太，而且爱全国人民，爱全世界的穷苦大众。他们都是我的亲人。我要为他们的自由、解放、幸福而贡献自己毕生的全部精力，直至最宝贵的生命。

### 8月7日

抚顺市人民代表大会已经开了四天，今天是最后一天了。市委负责同志代表全市人民的心意，送给了我们一份礼物（一斤苹果）。当我拿着这斤用红纸包着的苹果，内心特别激动。回想起自己过去那种无依无靠到处流浪的苦日子，总觉得现在的党和人民胜过自己的亲生父母，对我太关心了。我想：自己好了，不能忘记为人民而负了伤的阶级兄弟。于是我把这份苹果又转送给了住在卫生连的伤病员同志。自己虽然没吃着，但是心里比吃了这斤苹果还要甜十分。

### 9月10日

今天陈排长找我谈了一番话，对我的启发和教育很大。从多次的谈话中，使我深知陈排长是一个直爽、诚实，对同志关心、对革命负责的好干部。这种精神和优良的作风，我要永远学习他。

排长谈到，据同志们的反映说，我工作主观，其事实是：到浑河农场拉菜，我看农场里的同志都已吃晚饭了，心想战友艾起福、何国良出了一天车，比较累，再说午饭吃得早，也可能饿了。我和农场的管理员联系了一下，准备好了饭，叫他们两位司机吃，可是他们硬不吃，说天快黑了，车没有灯，赶紧回队。我想回去也要吃饭，现在这里饭已准备好了，吃还不一样吗？再三劝他俩吃，最后他俩还是没有吃，我也就和他俩一块拉菜归队了。事后他俩说我办事主观。

今天排长给我指出，要我今后办事多和群众商量，注意工作方法。我觉得很好，一定改进。至于其他方面的小缺点，我要特别注意，加以纠正。有些反映虽然有出入，但我也很欢迎，今后提高警惕，随时注意。我深记了斯大林的教导："我们不能要求批评百分之百的正确。如果批评是来自下面的，那么即使这种批评只有百分之五到百分之十是正确的，我们也不应当忽视。"今天我是一个班长，对于战士的反映和意见丝毫不能轻视，一定要坚决克服缺点，做好工作。

排长要我抓紧时间努力学习，提高政治觉悟和技术水平。这些好话，牢记心间，照着去做，定能进步。

### 9月11日

人民的困难，就是我的困难。帮助人民克服困难，贡献自己的一点力量，是我应尽的责任。我是主人，是广大劳苦大众当中的一员，我能帮助人民克服一点困难，是最幸福的。

### 9月20日

我在哨所周围来回走动，脑子里一个转又一个转地想着，汽车、油库、国家的许多财产、全连的安全，都掌握在卫兵的手里，如果麻痹大意，不提高警惕，万一敌人破坏，那将给国家和人民造成多大的损失。我感到自己责任的重大。比起红军长征的时候，天天打仗，经常几天几夜得不到休息，还是那样坚强勇敢、英勇奋战。我呢？人民的子弟兵，祖国的保卫者，这个光荣的称号使我感到高兴，我宁愿站到天亮也乐意。

## 9月22日

毛主席写的《纪念白求恩》这篇文章，我早已读过，并为白求恩的国际主义精神和共产主义精神感动得流出了热泪，对我的教育和启发特别之大。白求恩那种毫不利己、专门利人的精神，鼓舞和鞭策了我的进步，使我取得的收获不小。

今天副指导员又给我们上了这一课，我又反复地看了数遍，所受教育更为深刻。白求恩同志对待自己本行业务是那样刻苦地钻研，精益求精，为人类的解放事业献出了毕生精力和整个生命。可是我呢，为党、为人民又做了一些什么呢？对照起来，我感到万分惭愧和渺小。拿自己的技术学习来说，还不是那么刻苦钻研的，学得也不够深透。但是我相信，只要再加一把油，勤学苦练，虚心学习，是一定能把汽车开好的……一旦帝国主义发动侵略战争，我们就彻底、干净、全部地把它们歼灭。

通过这篇文章的学习，使我深刻认识到：一个人活着，就应该像白求恩同志那样，把自己的毕生精力和整个生命为人类的解放事业——共产主义全部献出。我要永远站在无产阶级的立场上，永远忠于党、忠于人民、忠于保卫祖国和世界和平的伟大事业，做一个真正的共产主义革命战士。

### 10月1日

今天是国庆节，我格外地高兴。在这伟大的节日里，我加倍地惦记着英明的领袖——毛主席。

敬爱的毛主席呀，毛主席！我天天想，月月盼，总想见到您。……可现在我还差得很远，没有做出什么成绩，对人民没有多大贡献。但是我有决心听您老人家的话，永远站在无产阶级的立场上。我要像松树那样，不怕风吹雨打、严寒冰雪，四季常青；我要像柳树一样，插到哪里都能活，紧紧与人民连在一起，在人民中生根、长大、结果，做人民最忠实的勤务员。

我要以坚强的毅力，忘我地劳动，刻苦学习，做好工作，争取见到毛主席。

### 10月2日

我做事，老好一个人去干，不爱叫别人，生怕人家不高兴。就拿扫地来说，我每天早上忙得不可开交，有的同志却闲着没事，自己累得够呛，可是扫的地段不大。有时室外卫生没能及时打扫，首长看了不满意。我为这个问题真有点着急，不好怎么办。

今天连长找我谈话，句句打动了我的心。他说："火车头的力量很大，如果脱离了车厢，就起不到什么作用。一个人做工作，如果脱离了群众，就会一事无成……"连长的话给了我很大的教育和启发，使我懂得了一个人只有和集体结合在一起才能最有力量。今天我发动了全班的同志打扫卫生，由于大家一齐动手，很快就把室内室外打扫得干干净净。事实证明，连长的话是正确的。今后我无论做什么，一定要走群众路线，依靠群众，发动群众，团结群众，一道为社会主义建设和实现共产主义而贡献力量。

### 10月3日

人生总有一死，有的轻如鸿毛，有的却重如泰山……我觉得一个革命者活着，就应该把毕生精力和整个生命为人类解放事业——共产主义全部献出。我活着，只有一个目的，就是做一个对人民有用的人。

当祖国和人民处在最危急的关头，我就挺身而出，不怕牺牲。生为人民生，死为人民死。

### 10月8日

今天我在报纸上看了一篇文章，其中鲁迅的两句诗对我的教育很深。我坚决要按照鲁迅的那两句诗去做：

"横眉冷对千夫指，俯首甘为孺子牛。"

对敌人要恨，要像严冬一样残酷无情；对党对人民要忠诚老实，永远忠于党，忠于人民……

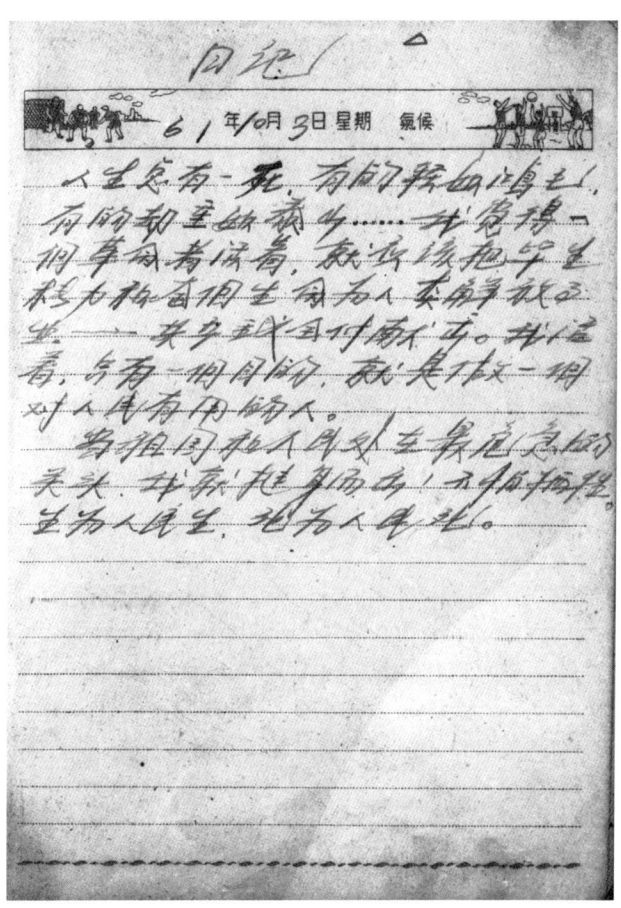

雷锋日记手稿

## 10月10日

我觉得一个真正的革命者,他是大公无私的,所作所为都是对人民有益的,他的责任是没有边的……

## 10月12日

我要牢记这样的话:永远愉快地多给别人,少从别人那里拿取。这种共产主义精神,我要在一切实际行动中贯彻。

今天,我听战友×××说:没有日记本了,手中无钱买。我立即把自己一本新的日记本送给了他。这仅仅是一点小意思。我愿意把自己所有的东西,包括生命献给党和人民……

## 10月13日

今天可有意思,×××同志出车回来,惊奇地问这个,问那个,不知是谁给他洗了一条衬裤和一双穿得发了臭的袜子。可是没有一个人说话,究竟是谁给他洗的呢?只有我知道,但是我没有说,我觉得这是自己应尽的义务。

## 10月14日

×××同志是新调来我班的一个好同志。过去受过苦,现在革命热情高,工作能吃苦。他来自农村,学习少,政治觉悟比较低,对各种问题的看法有时片面……和同志们比较起来是落后了。我觉得这个同志有一个最大的特点,就是敢于改正缺点和错误。从这点来看，还是有办法的。我们班有的同志对他看法不好，说他是个落后分子，就因他调到我们班，有的同志不大满意……针对这个矛盾，我组织大家学习了毛主席"共产党员对于落后的人们的态度，不是轻视他们，看不起他们，而是亲近他们，团结他们，说服他们，鼓励他们前进"的教导，通过学习和讨论，大家统一了认识，改变了态度。

×××同志调到我班的第三天就病了。……我觉得自己有责任去关心他，体贴他，给予他温暖。一清早，我请卫生员给他看了病，并给他打开水吃药，打洗脸水，给他洗脸，做病号饭送给他吃，把自己的棉大衣给他盖在身上，安慰他好好休息。到澡堂洗澡的时候，我给他擦澡……在生活方面我给予他适当的照顾。他激动地对我说："班长，你对我太关心了，人心都是肉长的，我再不好好干，也说不过去了。"第四天一早，他就主动地打豆子去了。我们吃早饭的时候，他打了一麻袋豆子背了回来。

## 10月15日

今天是星期日，我没有外出，给班里的同志洗了五床褥单，帮×××战友补了一床被子，协助炊事班洗了六百多斤白菜，打扫了室内外卫生，还做了一些零碎事……总的来说，今天我尽到了一个勤务员应尽的义务，虽然累了一点，但也感到很快活。班里的同志感到很奇怪，不知道谁把褥单都洗得干干净净的。×××同志惊奇地说："谁把我的破被子换走了？"其实他不知道是我给他补好的呢！我觉得当一名无名英雄是最光荣的。今后我还要多做一些日常的、细小的、平凡的工作，少说漂亮话。

### 10月16日

高楼大厦都是一砖一石砌起来的，我们何不做这一砖一石呢！我所以天天都要做些零碎事，就是为此。

### 10月17日

我看到厕所的粪池满了，立即动手把大粪掏出来，虽然牺牲了自己一上午的休息时间，但是厕所里弄得很干净了。人家开玩笑地说我是个大粪夫。我觉得当一个大粪夫是非常光荣的。1959年参加北京群英会的时传祥同志，不就是一个掏大粪的工人么？我要是能够当得一个这样的大粪夫，那该多荣幸的啊！

### 10月18日

有的同志晚上不愿意站岗。白天工作学习忙，比较疲劳，晚上睡得甜蜜蜜的，叫起来站岗，是有一点不是滋味。可是，他们没有想到，站岗是党和人民交给我们的一项光荣而艰巨的任务。每次轮到我站岗的时候，不管是白天或黑夜，烈日或严寒，我总是很愉快地去执行了。这是因为我时刻想到：我们是伟大的中国人民解放军，是祖国的保卫者，是人民最可爱的人。

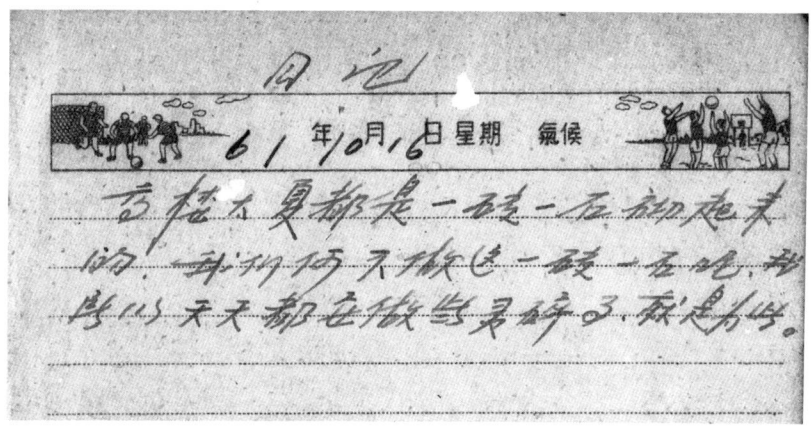

雷锋日记手稿

### 10月19日

有些人说工作忙,没有时间学习。我认为问题不在工作忙,而在于你愿不愿意学习,会不会挤时间。

要学习的时间是有的,问题是我们善不善于挤,愿不愿意钻。

一块好好的木板,上面一个眼也没有,但钉子为什么能钉进去呢?这就是靠压力硬挤进去的,硬钻进去的。

由此看来,钉子有两个长处:一个是挤劲,一个是钻劲。我们在学习上,也要提倡这种"钉子"精神,善于挤和善于钻。

### 10月19日

有些人讲话爱啰唆,有时一句话或一件事反复地说,东扯葫芦西扯叶,说来说去还是一个意思,时间用了不少,事情说得不多。

俗话说:剩饭炒三次,狗都不吃。可想而知,一句话老那么说,人家就不爱听。本来意思不多,却讲了不少,结果那一点精华被淹没在空话的海洋中了。这好像人们喝糖水,同样多的糖,如果掺水适当,则味道甘美,如果掺水过多,必然淡而无味。可见讲话的时间长,不一定效果就好,相反有时还会更坏。

### 10月20日

人的生命是有限的,可是,为人民服务是无限的,我要把有限的生命,投入到无限的为人民服务之中去……

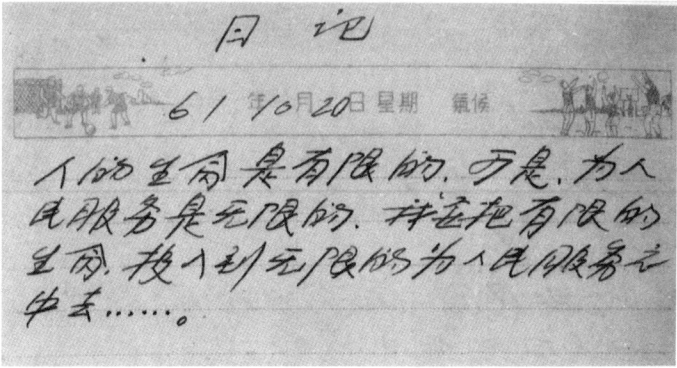

雷锋日记手稿

### 10月28日

十多年来，我在党的不断培养教育下，从一个幼稚无知的穷孩子成长为一个国防军战士，光荣的共产党员。我懂得了：一个人只要肯干，就可以为祖国做许多好事。但，一个人的力量毕竟是有限的，走不远，飞不高，犹如一条条小渠，如果不汇入江河，永远也不会汹涌澎湃，一泻千里……是啊，做工作要紧紧依靠党，依靠群众，才能最有力量，取得工作的胜利。

### 11月26日

我学习了《毛泽东选集》一、二、三、四卷以后，感受最深的是，懂得了怎样做人，为谁活着……

我觉得要使自己活着，就是为了使别人过得更美好。

我要以黄继光、董存瑞、方志敏等同志为榜样，做一个热爱祖国、热爱人民，永远忠于党、忠于人民革命事业的人。

### 11月27日

今日天下大雨，我看到咱们车场放了两堆苞米。虽然用雨布盖上了，但是我还不放心，跑去一看，发现苞米被雨淋湿了不少，我真心痛极了……立刻组织了全班的同志冒雨收苞米。有的拿大筐，有的拿麻袋，装的装，抬的抬，很快就把两千多斤苞米搬到了家里，免遭损失。虽然衣服湿了，但是粮食收回来了，自己放心了，心里快活了。

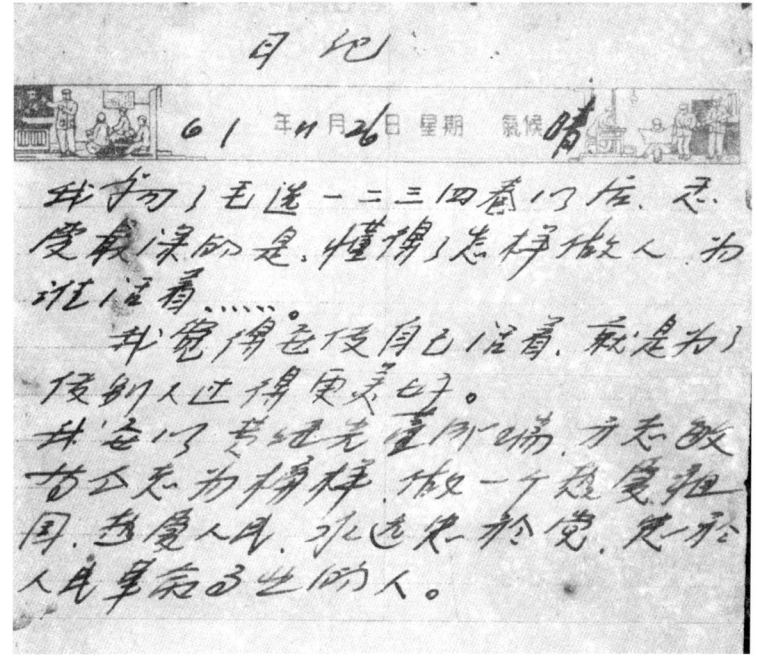

雷锋日记手稿

## ×月×日

学习《纪念白求恩》。

一个人能力有大小，但只要有这点精神，就是一个高尚的人，一个纯粹的人，一个有道德的人，一个脱离了低级趣味的人，一个有益于人民的人。

我决心听毛主席的话……事事大公无私，处处从党和人民的利益出发，全心全意为人民服务，决不让有一点肮脏的个人利益低级趣味的东西来玷污自己。向白求恩学习，做一个毫不利己、专门利人的人，为共产主义奋斗终身。

## 12月20日

昨晚，我连车辆紧急集合。×××同志搬电瓶发动车时，洒了一些电瓶水，衣服上沾了不少。因电瓶水是硫酸和蒸馏水混合而成的，腐蚀性大，结果他那条新棉裤烧了几个大口子。今天我看他很不高兴，着急找不到黄布补裤子。我立即拆掉自己的棉帽衬洗干净（棉帽衬是黄布做的），在夜里，当他睡着了，我用棉帽衬那块黄布偷偷地给他把新棉裤补好了。×××知道这件事后，便激动地对我说："班长！你对我太关心了……"

## ×月×日

时间紧，可是看一页是一页，积少成多。学习，不抓紧时间不行。

### × 月 × 日

认真读毛主席的书,听毛主席的话,照毛主席指示办事。

### 12 月 30 日

我班×××同志的母亲病了,今天来信叫他请假回家看望。首长批准了他三天假。可是他着急回家缺钱,想买点东西给母亲吃,钱又不够。正当他为难的时候,我一考虑心里过不去。我想:他的母亲就像我的母亲一样,他有困难,也等于是我的困难。我和他都是阶级兄弟,应当互相帮助。想到这里,我立刻拿出了自己的十元津贴费,还买了一斤饼干一起交给他,叫他带回家给母亲。×××同志接到我的钱和饼干后,激动地说:"班长,我太感谢你了……"

我班×××同志,叫他出车就高兴,不叫出车或做点其他工作就不大满意。还有的同志拈轻怕重,害怕累了自己。

比如:有一次掏厕所。有的同志说:"这活不是咱们干的,我们是开车的,应该叫其他连队来掏。"在干的当中,我发现有个别同志怕脏怕累,站在一旁瞅着。

我一边干活,一边想:如果我们革命队伍中存在着这种怕苦怕累的思想,对工作会有影响,对革命不利,如不及时纠正,会造成什么后果呢?我想来想去,又想起了毛主席的教导,毛主席说:"什么叫工作,工作就是斗争。那些地方有困难、有问题,需要我们去解决。我们是为着解决困难去工作、去斗争的。越是困难的地方越是要去，这才是好同志。"当天吃过晚饭，我组织全班同志学习了这篇文章。通过学习，大家提高了认识，统一了思想。第二天本来是星期日，大家向我提出要求不休息，积肥支援农业。睡觉之前，×××和×××等同志把粪桶及工具都准备好了。第二天天刚亮，我发现铺上的人都不在了。还没吹起床号，他们到哪里去了呢？我披着大衣出去找，真出乎我的意料之外，大家积了好大一堆肥料。我看到同志们那股热火朝天的干劲，既高兴又激动，便立刻拿起工具和大家一起干了起来。×××同志一边干活，还一边对我说："毛主席著作真正好，学了浑身添力量……"吃早饭的时候，大家都对我说："班长，今后我们要多做工作，别人不爱干的活咱们干。"

打这以后，扫厕所、掏大粪，成了大家的自觉行动。在冬训中，我们班利用课余和假日休息时间积肥三千五百多斤。

## 1962 年

### 1月1日

　　1961年已经胜利度过。回顾入伍两年来，在党和上级的耐心培养教育下，我不断地提高了阶级觉悟，懂得了热爱同志和集体，懂得了怎样做人，懂得了党的号召就是我们行动的指南。由于我在实际工作和行动中，做出了一点成绩，部队党委授予我"模范共青团员"和"节约标兵"的光荣称号，并给我记二等功一次，三等功两次，这使我内心十分激动。因为我所做的是每个共产党员应尽的义务，而且距离党和上级的要求还差得远，获得一些成绩也是党的教育和同志帮助的结果。

　　在新的一年中，我决心继续努力，做各项工作中的红旗手，关心同志，关心集体，处处、事事、时时起模范带头作用，更高地举起毛泽东思想红旗，努力学习毛主席著作……

### 1月11日

　　今天，教员给我们连上了防原子武器一课。……下课后，便立刻组织大家学习毛主席《和美国记者安娜·路易斯·斯特朗的谈话》等文章。毛主席说："原子弹是美国反动派用来吓人的一只纸老虎，看样子可怕，实际上并不可怕。当然，原子弹是一种大规模屠杀的武器，但是决定战争胜败的是人民，而不是一两件新式武器。"

通过学习，大家提高了认识，端正了态度。……因此在防原子操练中，大家干劲十足，信心百倍，操作认真。虽然在零下二十多度的野外练习防原子，但没有一个人叫苦的。我看到同志们那种苦练硬功夫的劲头，真高兴极了。

### 1月13日

今晚，我看了《洪湖赤卫队》电影，感到浑身是力量，我激动的心情像大海的浪涛一样，总也不能平静。

共产党员——韩英同志那种坚强勇敢、不怕牺牲的精神给了我莫大的鼓舞和无穷的力量。她在敌人监狱里宁死不屈，并歌唱："为革命，砍头只当风吹帽；为了党，洒尽鲜血心欢畅。"她这崇高的豪言壮语，深深地刻在我的脑海里。我决心永远向韩英学习，为了党，我不怕进刀山入火海；为了党，哪怕粉身碎骨，我永不变心。

### 1月14日

在最困难、最艰苦的工作中，我就想起了黄继光，浑身就有了力量，信心百倍，意志更坚强……

我每次外出执行任务或在最复杂的环境中，就想起了邱少云，就能严格地要求自己，很好地遵守纪律。

每当我得到福利和享受的时候，就想起了白求恩，就先人后己，把享受让给别人。

当个人利益与国家、党和人民的利益发生矛盾的时候，我就想起了过去家破人亡、受苦受难的苦日子，就感到党的恩情永远报答不完。

## 1月16日

今日下了大雪，刮着刺骨的北风。为了使车辆经常保持良好的技术状况，随时开得动，我和韩玉臣同志主动到车场保养车辆。双手拿着冰冷的工具，调整和修理铁的机器，的确冷得很，有时手拿着铁的机件都粘在一起了。特别是双手伸到汽油里清洗机件，手指冻得好像针扎一样，我真想去烤烤火。

可是一想起连长在军人大会上的动员报告："在三九天保养车是一个战斗而艰巨的任务，过硬的技术是在冰天雪地里锻炼出来的。"这时我感到有一股暖流立刻传遍了全身，觉得有了无穷的力量，打消了烤火的念头，继续清洗机件。经过八个多小时的野外苦战，终于把汽车保养好了。虽然手冻裂了口子，但是锻炼了自己的意志，提高了技术。

## 2月3日

今天我一口气看完了《中国青年》刊上徐老（特立）写给晚辈的几封家信。越看越感到浑身是劲，越看越觉得亲切，越看越想看。特别是徐老说的："一个共产党员应当什么都知，什么都能，什么都学，什么都干，什么人都交，什么生活都过得下去。"这些话对我来说，是有很大的启发和教育，也是我应当知道的，必须要做的。我要永远牢记徐老这些有益的话，并且要贯穿于一切言论和行动之中，决心要把自己锻炼成为一个名副其实的共产党员，为人类做出贡献。

我一定听党和毛主席的话，把我的青春献给世界上最壮丽的事业——为人类解放而斗争。

## 2月5日

今天是大年初一，大家都愉快地欢度新春佳节，有的打球，有的下棋，有的同志上街看电影，玩得够痛快……

我和同志们一起打了两盘乒乓球，心里觉得有件什么事没做似的。我想了想，每逢过年过节是人们探家和走亲戚的好日子，这个时候也正是各服务部门和运输部门最忙的时期，这些地方是多么需要人帮忙啊。

我向副连长请了假，直奔抚顺车站。我刚到，正好一列火车进站。我看到一位老太太很吃力地背着一个大包袱上火车，我急忙跑上前，接过那老太太的包袱，扶着那老太太安全地上了车，给她老人家找了个座位，我才放了心。我要下车的时候，那老太太紧紧地握着我的手说："你真是毛主席和共产党教育出来的好兵。处处为国家、为人民……"

我拿着扫把扫候车室的时候，车站的主任对我说："你辛苦啦，休息休息吧。"我没有休息。我觉得这是自己应尽的义务。我给旅客倒开水的时候，他们说："解放军真好，处处关心人。"我这样做，能使人民群众更加热爱党，热爱毛主席，热爱解放军，这就是我感到最幸福的。

### 2月8日

今天文书同志从团里拿回来几本新书，其中《向秀丽》那本书把我吸引住了。我拿着这本书一口气就读完了十多页，越读越使我感到浑身是劲，越读越使我敬佩，越读越想读……我用了四个多小时，一字字一句句读完了这本书。读过之后，使我提高了阶级觉悟，加深了对剥削阶级的仇恨，对本阶级的热爱。使我懂得了热爱同志和集体，懂得了爱护国家的财产和人民的生命安全，要比爱护自己的生命为重……

我决心永远学习向秀丽同志坚定的阶级立场、敢于斗争的精神，学习她耐心帮助同志、处处为集体谋利益的精神，学习她对工作的极端负责任，学习她对党对人民的无限忠诚，学习她爱护国家的财产胜过爱护自己的生命精神，学习她在紧急关头，挺身而出、英勇牺牲的精神……我时时刻刻都要以她为榜样，经常对照自己和鞭策自己，把自己锻炼成为一个坚强的无产阶级革命战士。

### 2月10日

我觉得一个革命者，就应该把革命利益放在第一位，为党的事业贡献自己的一切，这才是最幸福的。

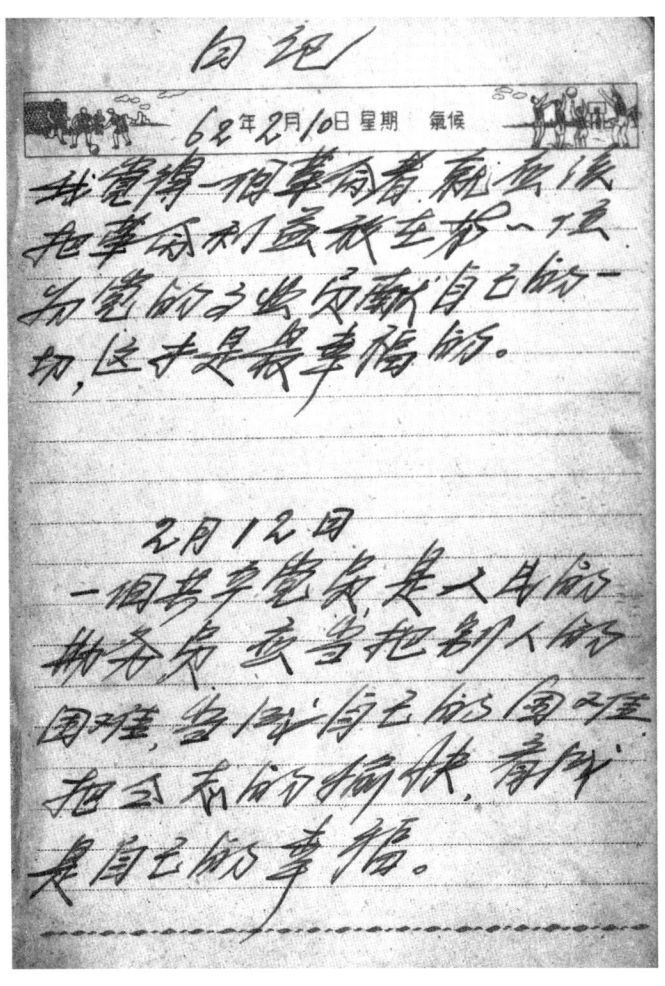

雷锋日记手稿

## 2月12日

一个共产党员是人民的勤务员,应当把别人的困难当成自己的困难,把同志的愉快看成自己的幸福。

## 2月14日

我今天能够参加团里的党代大会,感到特别地高兴和激动。回顾十多年前,我还是一个流浪的孤儿,吃不饱,穿不暖,过着饥寒交迫的苦日子。

解放后,自从来了伟大的共产党和英明的毛主席,我才脱出苦海见晴天。

伟大的党啊——我慈祥的母亲,是您把我从虎口中拯救出来,抚育我成长。

是您,给了我无产阶级的思想。

是您,给我指出了前进的方向。

是您,给了我前进的动力。

是您,给了我的一切……

敬爱的党——我慈祥的母亲,我只有以实际行动来感恩。

一、坚决听党的话,一辈子跟着党走。

二、刻苦学习,忘我劳动,积极工作,完成党交给我的任务。

三、永远忠于党,忠于人民,为共产主义事业奋斗终身。

### 2月×日

今天我看了《孙悟空三打白骨精》的电影后,受到了一次深刻的政治教育。我认为影片中的孙悟空,是一个英雄好汉,他的立场鲜明,斗志坚强。他能通过事物的表面现象,看清事物的本质,识破妖魔的阴谋。他爱憎分明,对敌人不抱任何幻想,坚决斗争到底,直至最后把敌人消灭。

唐僧这个人软弱无能,敌我不分,对敌人抱着幻想,把坏人当好人,结果落入敌人之手,要不是孙悟空来搭救,他就完蛋了。猪八戒此人和平麻痹思想极为严重,分不清是非,有个人主义思想,差点断送了自己的生命。

沙和尚这人表现一般,不上不下,站在中间,因他分不清是非,结果也上了敌人的当。

总的看来,这部影片很好,现实教育意义大……看过这部影片,我们应该懂得,敌人是不会发出善心的,是不肯放下屠刀的,直至他们灭亡。我们还要知道,要消灭敌人取得胜利,首先要在大风浪中分清是非,斗争到底,加强内部的团结,统一思想,一齐行动,这样才能有力量,战无不胜。我觉得,一个革命者要不迷失前进的方向,正确地分清是非,取得革命的胜利,就得努力学习马克思列宁主义和毛泽东思想,掌握了这个思想武器,并用于实际,就可以取得革命的胜利。

我要学习孙悟空坚定不移的立场,学习他分辨是非的能力,学习他顽强的斗争精神,学习他对敌人憎恨、对自己人无限忠诚的特性，学习他不消灭敌人决不罢休的精神。我决心永远忠于党，听党和毛主席的话，练好军事技术，不消灭敌人，不解放台湾，我决不罢休。

## 2月19日

今天是我永远不能忘的日子。像我这样一个孤苦的穷孩子，能光荣地参加这次军区召开的首届团代会，感到万分的激动，能见到军区上级首长和直接听到军区首长的报告和指示，更是感到荣幸。军区首长特邀我参加这次隆重的团代会，并选我为主席团的成员，能和军区首长坐在一起，能和来自四面八方的英雄模范见面等等，这一切都是我过去做梦也想不到的。我这次参加军区的团代会，既感到高兴，又感到惭愧。高兴的是：有党和毛主席的好领导，全军共青团工作取得了巨大的成就。惭愧的是：我为党和人民做的工作太少了，比起其他的代表，我差得太远了。但是我决不甘心落后。我想，只要听党和毛主席的话，积极肯干，就能为祖国为人民做出许多好事。我相信自己，别人能做到的事，我一定能做到。我决不辜负党和人民对我的期望，决心从以下几个方面努力：

一、永远听党和毛主席的话，党指向哪里，我就冲向哪里，处处以整体利益为重，全心全意为革命工作，勤勤恳恳，踏踏实实，在平凡细小的工作当中干出不平凡的业绩。

二、好学：我要认真学习毛主席的著作，刻苦钻研技术和业务……决心做个又红又专的革命战士。

三、我要密切联系群众，相信群众，虚心向群众学习，团结带领群众一同前进，永不自满，永不骄傲，永远谦虚谨慎，紧紧地与群众团结在一起，共同为党的伟大事业而奋斗。

四、我要积极肯干，做到说干就干，干就干好，脚踏实地、实事求是地干，千方百计地干，事事拣重担子挑，顺利干得欢，受挫折时也要干得欢，扎扎实实地干，一定要把事情办好。

## 2月23日

勤学苦练，提高技术，勤练苦练巧练结合起来，不怕苦，不怕累，持之以恒，练出硬功夫。

…………

## 2月×日

要树立四个观念：

一、政策观念。

二、集体观念。

三、战备观念。

四、劳动观念。

## 2月27日

雷锋呀！雷锋。我警告你牢记：千万不可以骄傲。你永远不能忘记，是党把你从虎口中拯救出来，是党给了你的一切……至于你

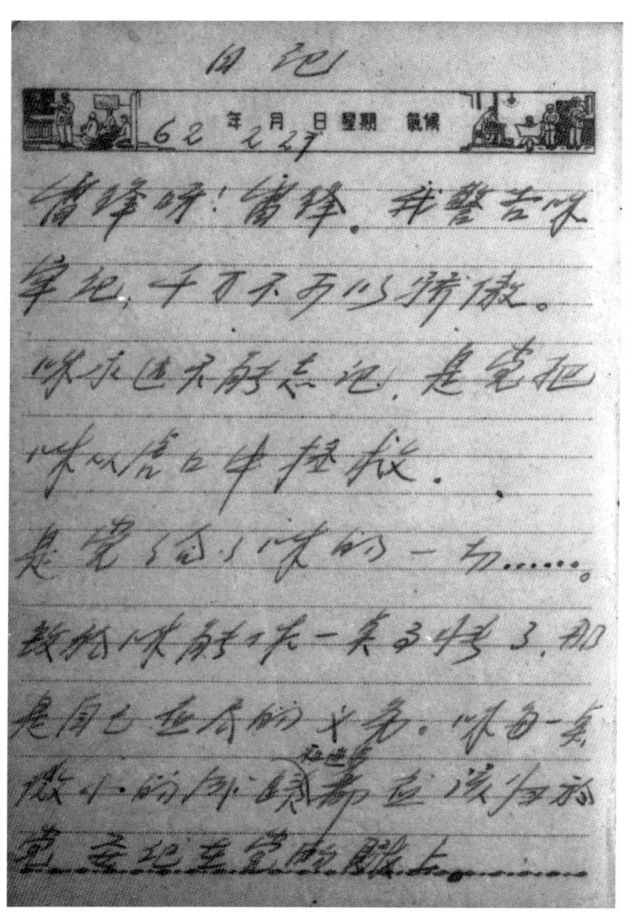

雷锋日记手稿

能做一点事情了，那是自己应尽的义务。你每一点微小的成绩和进步都应该归于党，要记在党的账上。我一定听党和毛主席的话，把我的青春献给世界上最壮丽的事业——为人类解放而斗争。

### 3月2日

骄傲的人，其实是无知的人。他不知道自己能吃几碗干饭，他不懂得自己只是沧海之一粟……

这些人好比是一个瓶子装的水，一瓶子不满，半瓶子晃荡，可是还晃荡不出来。这有什么值得骄傲的呢？

### 3月4日

我愿做高山岩石之松，不做湖岸河旁之柳。我愿在暴风雨中——艰苦的斗争中锻炼自己，不愿在平平静静的日子里度过自己的一生。

### 3月×日

你崇高的行为就是献身于为人民服务，为自己的祖国效忠，为崇高的共产主义理想立功。

### 3月×日

不经风雨，长不成大树；

不受百炼，难以成钢。

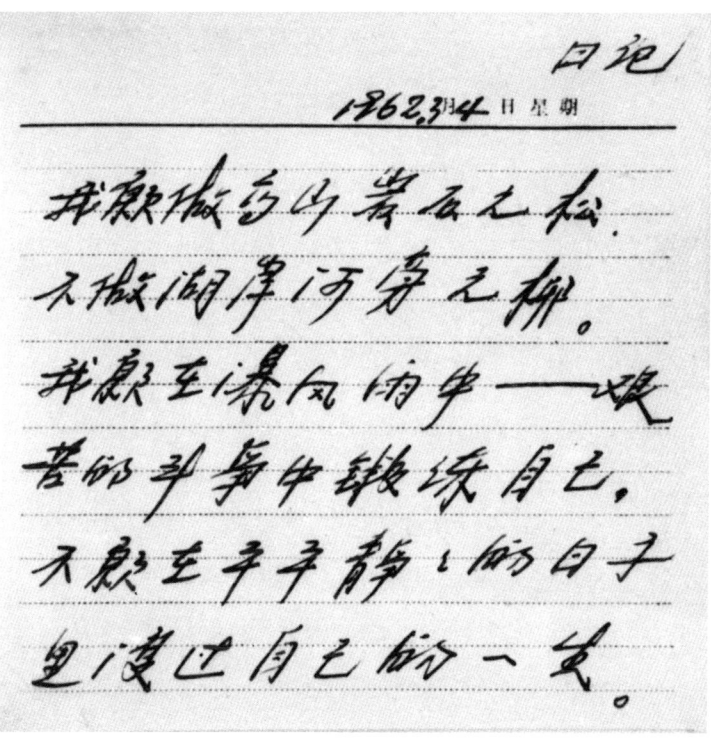

雷锋日记手稿

迎着困难前进，这也是我们革命青年成长的必经之路。有理想、有出息的青年人必定是乐于吃苦的人。

### 3月7日

我要永远愉快地多给别人，毫不计较个人得失……

### 3月9日

我懂得，一个人只要听党和毛主席的话，积极工作，就能为党做很多好事情。但，一个人的力量毕竟是有限的，走不远，飞不高，好比一条条小渠，如果不汇入江河，永远也不能汹涌澎湃，一泻千里。

### 3月16日

我是党的儿子，人民的勤务员，我走到哪里，哪里就是我的家，我就在哪里工作。

### 3月18日

过去，我是个孤苦伶仃的穷光蛋。

现在，我是国家的主人。

我深深懂得，只有革命，才有自己的前途。

军营之歌·日记（1962年）

1962.3.9 日记

我雷锋一个人写给亲爱的毛主席的信，被披二侠，说我为党做很多好事情。
但，一个人的力量毕竟是有限的，走不远，飞不高，好比一条小溪，如果不汇入江河，永远也不能汹涌澎湃，一泻千里。

1962.3.16 日记

我是党的儿子，
人民的勤务员。
我走到哪里，哪里就是我的家。
我战斗在哪里二侠。

雷锋日记手稿

### 3月×日

生活中一切大的和好的东西全是由小的、不显眼的东西累积起来的。

人若没干劲，好像没有蒸汽的火车头，不能动；像没长翅膀的鸟，不能飞。

### 3月24日

今天吃早饭，我看到炊事班的饭盆里有很多锅巴，便随手拿了一块吃。炊事员×××同志说："自觉点啊！"我听了这句话，心里很难受，觉得吃一块锅巴有什么？赌气把那块锅巴放到饭盆里，走了出来。这时，通信员送来了一张报纸。我接过来就看，首先看了报纸上毛主席的语录，毛主席说："因为我们是为人民服务的，所以，我们如果有缺点，就不怕别人批评指出。不管是什么人，谁向我们指出都行。只要你说得对，我们就改正。"我一口气把这段话念了十多遍，越念越感到自己不对，越念越感到毛主席的这些话好像是专门对我说的，越念越后悔不该和炊事员赌气。我自己问自己："你多不虚心呀！人家批评重一点，你就受不了啦！"想来想去，我还是硬着头皮跑到炊事班，承认了自己拿锅巴吃不对，并检查了自己的缺点。炊事员感动地说："你对自己要求这么严，真是好同志……"

### 3月28日

我们要真正学到一点东西，就要虚心。譬如一个碗，如果已经装得满满的，哪怕再有好吃的东西，像海参、鱼翅之类，也装不进去，如果碗是空的，就能装很多东西。装知识的碗，就要像神话中的"宝碗"一样，永远也装不满。

### 4月3日

昨天下了一场大雪，今天显得格外地寒冷。吃过早饭，我到团里开会，在路上遇到一个十来岁的小孩，他穿的衣服很单薄，冻得打哆嗦。我看了心里过不去，立即脱下自己的棉裤，送给了他，这时我心里真感到有说不出的高兴。

### 4月4日

有人说：人生在世，吃好、穿好、玩好是最幸福的。

我觉得人生在世，只有勤劳，发愤图强，用自己的双手创造财富，为人类的解放事业——共产主义贡献自己的一切，这才是最幸福的。

### 4月14日

我失去黄继光这样一个好的阶级兄弟，心情是万分悲痛的，我的眼泪忍不住地直流。

我是人民的战士，我不能再哭了，我要控制自己的眼泪，我要

雷锋日记手稿

化悲痛为力量，我要更加坚强勇敢起来，我要刻苦练好本领，我要更高地举起毛泽东思想红旗，坚决革命到底，不消灭帝国主义和一切反动派决不罢休，一定要讨还敌人的血债，坚决为黄继光报仇，为人类的解放事业——共产主义贡献自己的一切。

### 4月15日

《黄继光》这本书，我不止看过一遍，而是含着激动的眼泪一字字一句句读了无数遍，甚至我能把这本书背下来。我每当看完一遍，就增加一分强大的力量，受到的教育也一次比一次深刻，对我的启发和鼓舞极大。英雄黄继光之所以能为人类的解放事业做出伟大的贡献，是因为他有高度的阶级觉悟，对敌人恨之入骨，对党、对人民、对革命事业无限忠诚……

我要学习黄继光那种坚定的无产阶级立场，学习他勇敢坚强的革命意志，学习他的高贵品质，学习他关心别人比关心自己为重，学习他兢兢业业为党工作的精神，学习他勤劳朴实的性格，学习他谦虚好学渴求进步的精神，学习他为祖国人民英勇战斗的精神……

现在我是普通一兵，对党和人民没做出什么贡献，但是我有决心，永远听党和毛主席的话，紧紧跟着党和毛主席走，永远忠于党，忠于人民，兢兢业业为党工作一辈子，老老实实为人民服务，坚决完成黄继光未完成的事业。我随时准备着献身祖国，必要时我一定像黄继光那样，贡献自己的生命，做祖国人民的好儿子。

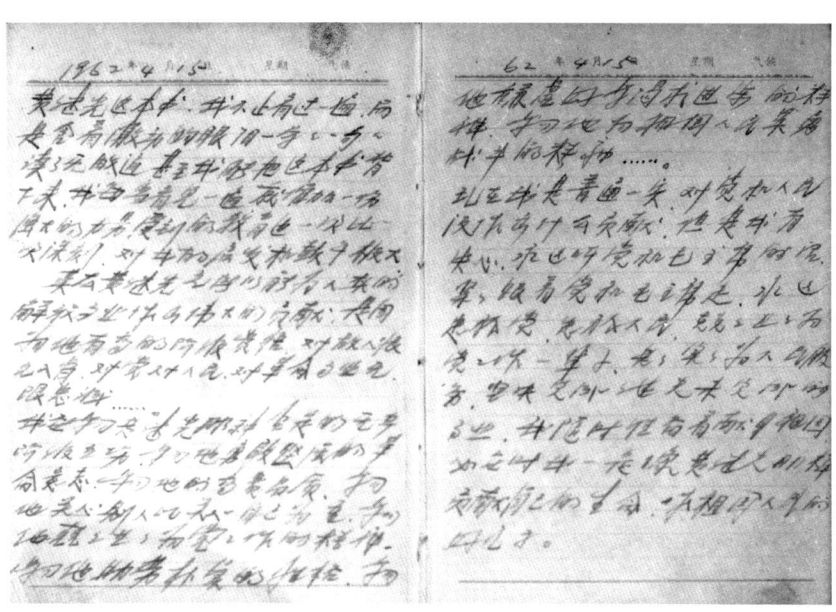

雷锋日记手稿

## 4月16日

我今天一口气读完了《党的好儿子龙均爵》这本书。这本书太好了,对我的教育极深,对我的启发和帮助很大。我处处要以龙均爵为榜样,永远学习他不畏艰难困苦、敢于斗争的精神,学习他关心爱护同志的高贵品质,学习他大公无私、舍己为人的精神,学习他刻苦学习、钻研技术的毅力,学习他爱护国家财产如爱护自己生命的精神,学习他处处把国家的利益和人民的利益放在个人利益之上的思想。坚决学习他,并贯穿于实际,一定要在保卫祖国和建设祖国的事业中,贡献自己的力量。

## 4月17日

一个人的作用,对于革命事业来说,就如一架机器上的一颗螺丝钉。机器由于有许许多多的螺丝钉的连接和固定,才成了一个坚实的整体,才能够运转自如,发挥它巨大的工作能力。螺丝钉虽小,其作用是不可估量的。我愿永远做一个螺丝钉。

螺丝钉要经常保养和清洗,才不会生锈。人的思想也是这样,要经常检查,才不会出毛病。

我要不断地加强学习,提高自己的思想觉悟,坚决听党和毛主席的话,经常开展批评与自我批评,随时清除思想上的毛病,在伟大的革命事业中做一个永不生锈的螺丝钉。

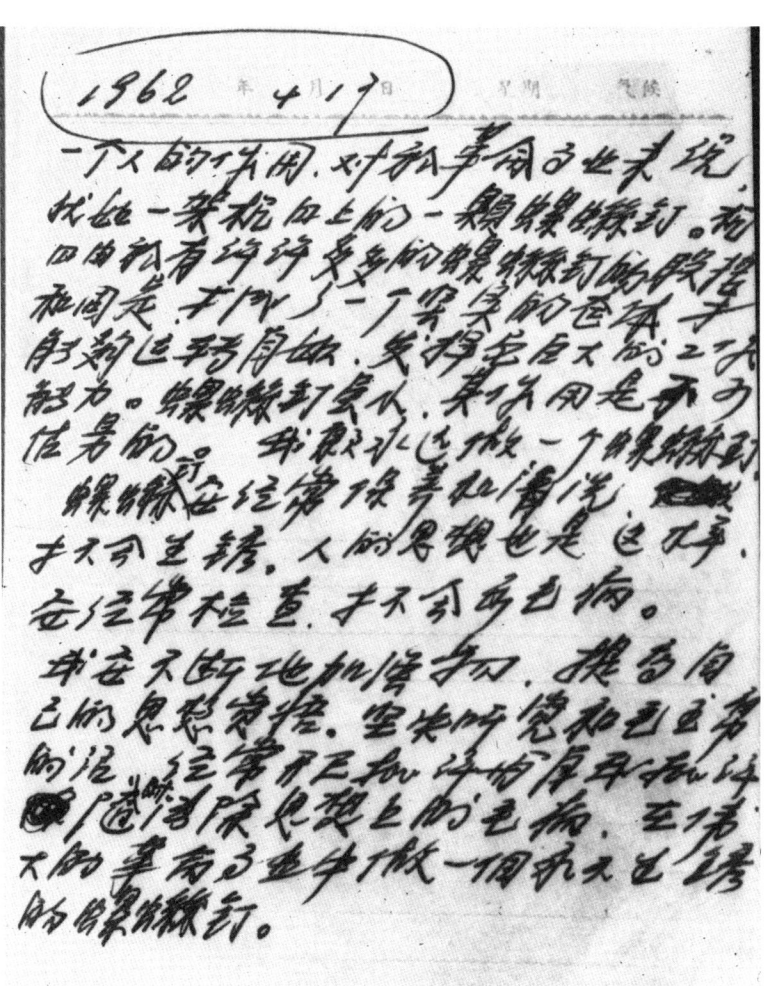

雷锋日记手稿

### 4月19日

奉军区首长指示，要我去长春机要学校（军队内部）作报告。今天中午12点乘25次快车从沈阳出发。火车上的人很多，我让座给一位老太太坐下，并倒给她一杯开水。因她老人家还没吃午饭，我又拿出自己没舍得吃的面包送给她吃。这位老太太很受感动，紧握着我的手说："好心呀！好心人！"当时我也很激动，不知说啥好。

我除了照顾这位老太太，还帮助服务员扫车厢、擦车厢，给旅客们倒开水，帮炊事员卖饭……很多人都要我休息一会儿。我想：为人民服务嘛，少休息点又算得了什么呢？我还听到很多旅客同志议论说："这位解放军同志真勤快，什么都干，累得满头大汗也不休息。"我觉得自己累一点算不了什么，只要大家多得些方便，就是我最大的快乐。

### 4月19日

我今天看了《在前进的道路上》的电影后，受到了很大的教育。影片中的何局长因居功骄傲，组织观念不强，脱离了党的领导，脱离了群众，光凭自己的主观愿望办事，结果犯了严重的错误。他犯错误的根源是什么呢？因为他骄傲自大，不尊重别人，不深入下层，凭主观办事，因此脱离群众；因为他不虚心学习，政治水平就跟不上形势的发展，对问题的看法和认识就有偏差，其结果必然犯错误。事实教育了我，骄傲是犯错误的根源，是落后的开始。我永远要保持谦虚谨慎的态度，老老实实为党工作。

影片中罗副局长这个人物很好，表现在他政治立场坚定，原则性强，敢于批评斗争，虚心好学，能密切联系群众，对革命事业高度负责。我要永远向他学习，多为党做些工作，为祖国做贡献。

## 4月27日

今天，×××同志上街看电影，没有请假。首长批评了他，可是他很不高兴，背后说："当兵真不自由，处处受纪律的束缚。今天人民自己当家做主，谁也用不着管谁。"我听到这些话，立即向他作了解释：我们年轻人要把自己培养成为一个具有共产主义道德的人。我们不能忘记了培养共产主义道德品质的一个重要方面，就是以自觉遵守纪律的精神来锻炼自己。你不管去战斗，去劳动和工作、学习等，都必须有纪律。就是我们的日常生活，也得有纪律。如果我们没有纪律的话，我们可以想象到，我们的社会将会成为什么样子呢？人人自由行动，社会必然会混乱起来，就像乐队队员们在演奏时不听指挥一样，你唱你的，我唱我的，一定会弄得杂乱无章，不成音乐了。

我还举例对他说："比如上课吧，有一个不遵守纪律的学生故意在课堂上吵闹，故意出洋相，逗人家笑，这就会妨碍别人专心听讲，使课堂教学无法顺利进行，影响了大家学习的自由。我们需要哪种自由，难道还不明显吗？同时，也正因为今天我们人民自己当家做了主,就更应该表现出有纪律有教养,而不应该扰乱我们自己的秩序。"

经过摆事实讲道理,×××同志想通了,提高了认识,承认了自己违反纪律不对,并且向首长写了检讨书,表示今后要很好地守纪律。

## 5月2日

今天下午我在保养汽车,突然天下大雨。我正在盖车的时候,见到路上有一位妇女抱着一个小孩,右手还拉着一个五六岁的孩子,左肩上还背着两个行李包,走起路来真是很吃力。我急忙跑上前,问她从哪来,到哪去。她说:"从哈尔滨来,到樟子沟去。"她还告诉我说:"兄弟呀!我今天遭老罪了,带两个孩子,还背一些东西,天又下雨,现在天快黑了,还要走十多里路才能到家。现在我都累迷糊了,我哭也哭不到家啊……"我听她这么说,心里很过不去。我想,毛主席说过:"我们的同志不论到什么地方,都要把和群众的关系搞好,要关心群众,帮助他们解决困难。"想起主席的教导,浑身有了力量,我跑回部队驻地,拿着自己的雨衣给了那位妇女,我又抱着她的孩子,冒着风雨送她们回家。在路上,我看那小孩冷得发抖,我立即脱下自己的衣裳给他穿上。走了1小时40分钟,终于把她们送到了家,那妇女激动地对我说:"兄弟呀!你帮了我,我一辈子也忘不了啊……"

我对她说:"军民一家嘛,何必说这个啦……"我离开她家

雷锋日记手稿

的时候，风雨仍然没停，他们都留我住下。我想，刮风、下雨、天黑，算得了什么呢？一定要赶回部队，明天照常出车。我一边走，还一边想着：我是人民的勤务员，自己辛苦点，多帮人民做点好事，这就是我最大的快乐和幸福……

## 5月6日

今天是星期日，过得很有意义。上午修路二百米，把几个坑洼的地方都填好了。开车的人对我说："你做了好事呀！把路修好了，以后行车就要少遭点罪了。"我想，是呀！为了使行车方便，减少车辆震动，以防机件受损失，自己少休息点，多劳动点，是完全值得的。

下午，我保养了一个小时车，其余时间帮老百姓种地。我看到老乡们犁地，心想：借此机会学习犁地也不错呀！我提出要求，就得到了老乡的支持，尤其是王老大爷真好，把着手教我犁地。开始，牲口不听我使唤，地也犁得弯弯曲曲的。学习了一会儿，找到了点门路，慢慢就顺手了。两个小时过去了，老乡说："休息一会儿吧，让牲口吃点饲料。"说实在的，这时我真不想休息，总想多学一会儿，虽然累了一身汗，我觉得学点犁地技术是完全划得来的。从内心往外说，我时刻都想多学点本领，更好地为人民服务。我时刻牢记着马克思的教导：不学无术在任何时候，对任何人，都无所帮助，也不会带来利益。今天，我为了人民的利益、阶级的利益、革命的利益，多学点本领就更为必要了。我所以要虚心学习，刻苦钻研，学到真本领，就是为此目的。

## 5月8日

今天部队发放了夏天的服装，本来每人发两套军服、两双胶鞋……我想：当前国家正处在困难时期，再说，我们的国家还很穷。可是党和人民对我们却还这样无微不至地关怀，使我从内心感激党和人民的关怀。党和人民对我们这样好，可是也不能烧火棍一头热呀！我们也得为党和人民着想，应当积极响应党的号召，发愤图强，自力更生，处处做到增产节约，发扬我军艰苦朴素、勤俭节约的优良传统……

为了和人民群众同甘共苦，减轻人民的负担，共同克服目前的困难，我只领了一套单军服，一双新胶鞋，其他用品也少领了。以前用过的东西，我都修补好了，继续使用。穿破了的衣服补好了再穿。我觉得就是现在穿一套打了补丁的旧衣服，也比我过去流浪时披的破烂麻袋要好千万倍啊……

## 6月22日

从3月16日到今天，我开的汽车已安全行驶了四千多公里，没有发生事故，圆满地完成了上级首长交给的各项任务。

为了使车辆经常处于良好的技术状况，准备迎接新的任务，首长给了我一天时间保养车。从今早6点钟开始工作，我清洗了燃油系，检查调整了电路，底盘各部机件打了黄油。当我把全车螺丝检

雷锋日记手稿

查紧定完毕的时候，接到首长的指示，叫我马上出车，护送一个重病号到卫生连。我急忙收拾工具，出车护送。临走前，我看了下手表，已是下午1点了。这时我的肚子也感到有些空了。凑巧，我连炊事员给我送来了一盒午饭，大家叫我吃了饭再走。但是我想：阶级兄弟病重，处在紧要关头，抢救同志要紧，不能耽误时间，于是启车出发。

经过两个多小时急行车，终于把病号按时送到了卫生连，顺利地完成了任务。这时，我才松了一口气，感到格外地痛快。

### 6月25日

我听有些人说：当兵不合算，挣不到钱，不如在家种二亩自留地，既有花的，又有吃的……

我认为这种人，对个人利益和集体利益认识不足。俗话说："大河涨水，小河满；大河无水，小河干。"同样的，只有集体利益富裕了，个人利益才能得到满足，如果没有集体的利益，哪还有什么个人利益呢？

### 6月×日

我是在1958年夏开始学习毛主席著作的。经过学习，提高了阶级觉悟，武装了头脑，增强了本领。我在学习过程中，始终坚持用学习到的理论、观点对照联系自己的思想、劳动和周围的一切实际事情。这么一联系，不仅加深了对理论的理解，而且更有助于政治理论的提高。如通过学习毛主席所写的《中国社会各阶级的分析》和《关于正确处理人民内部矛盾的问题》这两篇文章，我清楚地明白了，不同的阶级有不同的立场，对同样一件事情，不同的阶级就有不同的看法和说法。……今后，我还要更好地学习，更好地为党的事业而奋斗。

### 6月28日

有些人对个人和集体的关系认识不清，因此做工作、办事情、处理问题等，只顾个人，不顾整体。这样，就会给革命造成损失，给集体造成不利。我觉得正确认识个人和集体的关系是很重要的。

我认为个人和集体的关系，正像细胞和人的整个身体的关系一样。当人的身体受到损害的时候，身上的细胞就不可避免地要受到损害。同样的，我们每个人的幸福也依赖于祖国的繁荣。如果损害了祖国的利益，我们每个人就得不到幸福。

### 6月29日

今天下午，从我们部队驻地的一座大山上，下来一个磨剪刀的人。他在我们部队驻地的屋前屋后转来转去，鬼鬼祟祟地像要找什么东西似的，不一会儿又拿出本子记下什么。

我发现他在一家门前磨剪刀，还一边问老乡："此地驻多少军队？他们干什么？"另外还说："现在的世道变了，蒋介石要反攻大陆了……"我想：他问这个、说这些干什么呢？

我是人民的保卫者,决不能放走一个可疑的人。这种责任感促使我上前,盘问那个磨剪刀的人。

"你从哪来?"

"河北。"

"干什么的?"

"磨剪刀的。"

"有什么证明?"

"没有。"

"你身上带了些什么东西?"

"五六十元钱,一个记账本。"

"你把记账本拿出来看看!"

"记了几笔账,没什么看头。"

"怎么?不让看吗?"

"好吧!你要看就看吧!"

我翻开记账本,发现他把我们正在进行国防施工的地名和部队驻地地址及番号等都记了下来。

"你写这干啥?"

"这地方我刚来,记下地址以后再来就好找了。"

"你写部队的番号干什么?"

"想找一个熟人。"

"找谁?叫什么名字?"

"姓张的,叫什么名字我记不起来了。"

"你不是说熟人吗？为什么不知道叫什么名字呢？"

他慌慌张张地答不上来了。看这人的言行可疑，我把这件事立即报告了首长。首长找他问话的时候，他装出一副可怜的样子，神情很不正常，说话牛头不对马嘴。为了把这件事弄清楚，首长派人把他送到当地公安局。后来，公安局的同志打电话告诉我们说："那个磨剪刀的人是个反革命分子……"

同志们知道这消息后，都纷纷议论说："反革命不消灭，人民就不能安宁，我们要想永远过好日子，就要时刻提高警惕，握紧枪杆，擦亮眼睛，坚决、彻底、全部消灭敢于侵犯和破坏我们社会主义建设的敌人。"

### 6月30日

我认为，一个革命者，要树立牢固的集体主义思想，时刻都要把集体利益放在第一位。同时还要坚决打消个人主义，因为个人主义对革命不利，对集体有损害。个人主义好比大海中的孤舟，遇到风浪，一碰就翻。集体主义好比北冰洋上的原子破冰船，任凭什么坚冰都可以摧毁。我认为坐在小舟里摇摇晃晃不好，还是坐在原子破冰船上乘风破浪一往直前为好。

### ×月×日

学习《中国社会各阶级的分析》。

我学了毛主席的《中国社会各阶级的分析》的文章，受到了很大的教育。拿目前来说，我国虽然已经是社会主义社会，但是在国际上还有帝国主义存在，在国内还有阶级斗争存在的时候，阶级分析这个马克思列宁主义的斗争武器，就决不会过时。我们每一个革命同志，必须认真用它来武装自己的头脑，做一个真正自觉的无产阶级革命战士。

## ×月×日

学习《论军队生产自给，兼论整风和生产两大运动的重要性》。

自己动手，丰衣足食。

自力更生，立于不败之地。

我们的社会主义建设也是如此。

通过这篇文章的学习，我从理论上懂得了军队生产和整风两大运动的重要性。联系到当前我们部队大搞生产的实际情况，更加深了我对毛主席思想的领会。就拿我们连来说，由于听了毛主席的话，搞好了生产，在当前国家处在困难时期，大大减轻了人民的负担，改善了部队的生活。事实证明，只要我们听毛主席的话，就能取得各项工作的胜利。

## 7月1日

今天是党的生日。在这个伟大的节日里，我激动的心啊！像大海里的浪涛一样，不能平静……

在十多年前，我还是一个孤苦伶仃的穷孩子，过去的生活，把我折磨得人不像人、鬼不像鬼，害得我上天无路，入地无门，万恶的旧社会，就是这样的黑暗无情和残酷。正当我处在生死的关头，来了伟大的共产党和英明的毛主席，把我从虎口中拯救，给我吃的、穿的，送我读书，给我带来了无穷的温暖和幸福，党像慈母一样，哺育着我长大成人。是党给了我生命；是党给了我幸福；是党给了我无产阶级的思想；是党给我指出了前进的方向；是党给我开辟了前进的道路；是党给了我前进的力量；是党给了我的一切。

今天，我当了家，做了国家的主人，得到了自由和幸福，内心是何等地感激党和毛主席啊！我时刻都想掏出自己的心，献给伟大的党。

忆过去，我刻骨地痛恨三大敌人。

想今天，我万分地感谢党和毛主席的恩情。

望将来，我信心百倍，浑身是劲，坚决要为共产主义事业奋斗到底。

为了党，我愿洒尽鲜血，永不变心。

为了革命，为了阶级的最高利益，我时刻准备着，挺身而出，牺牲自己的一切。

为了人类的解放事业——共产主义，我要献出自己的毕生精力和整个生命。

## 7月29日

今天,指导员找我谈话。他说:"雷锋同志,你从3月份离开连队,到下石碑山单独执行运输任务,工作很积极,政治责任心强,任务完成很出色,安全行车四千多公里没发生事故,同时还给人民群众做了很多好事。这很好,要继续发扬……不过现在听有人反映,说你和一位女同志谈情说爱,是否有这么回事呢?你好好谈谈。"

从内心往外说,我没有和哪个女同志谈情说爱。指导员提出这个问题,我感到莫名其妙,不知风从何起。首长经常教育我们,无论到什么地方,都要严格要求自己,不要违法乱纪。这些话,我永远也不能忘记,坚决不会明知故犯。

我想:自己年轻,正是增长知识的好时候,应该好好学习,好好工作,更好地为人民服务。我还这样想过:我是在党的哺育教导下长大成人的,我的婚姻问题……用不着自己着忙……

现在,有同志说我谈情说爱,没有任何根据,完全是误解。我是个共产党员,对别人的反映和意见不能拒绝,哪怕只有百分之零点五的正确,我也要虚心接受。现在有同志还不了解我的心,对问题还没有弄清楚,冤枉了我,使我受点委屈,这也没什么!干革命就不怕受委屈。"没做亏心事,不怕鬼敲门",我没有这回事,就不怕人家说。

毛主席的教导,我还没有忘记:"有则改之,无则加勉。"我要抱这种态度。事情总是会清楚的,让组织考验我吧。

## 7月30日

今天起床后，我们参加了后勤处的生产劳动。到地里后，有同志没按计划带工具，本来叫带十把镐头、六把锄头，结果只带了两把镐头、五把锄头，影响了生产。

这件事对我的启发教育很大，我认为不按计划办事，害处很大。今天所见仅仅是生产当中的一件小事，大事何不如此呢？我感到，无论做什么，一定要事先有计划，不能盲目乱干，只有按计划办事，才能圆满完成任务。

## 8月1日

今天是中国人民解放军诞生三十五周年纪念日。我们部队全体指战员和人民一起，以无限欢欣鼓舞的心情，来热烈庆祝这个伟大的节日。

中国人民解放军是中国共产党领导的全心全意为人民服务的军队。三十五年来，我军在党和毛主席的英明领导下，走过了艰难曲折的道路，从小到大，从弱到强，克服了许多难以想象的困难，战胜了国内外强大的敌人，从胜利走向胜利。

今年的"八一"建军节，正当美帝国主义支持鼓励蒋匪帮妄图窜犯大陆沿海地区。我们在提高警惕加强战备的情况下，来纪念这个伟大的节日，有其更加重要的意义……对蒋匪帮妄图窜犯大陆，有人似乎觉得奇怪：十三年前就被我们打得一败涂地的蒋匪帮，今天已经是穷途末日，怎么敢来窜犯大陆？难道他不知道明明是以卵击石吗？是的，完全是这样的。如果蒋匪帮胆敢窜犯大陆，必然是死路一条。今天，蒋介石匪帮之所以敢于窜犯大陆，主要是因为有美帝国主义的支持。他们以为有这座靠山，就什么都不怕了。他们总是看不见人民的力量，总是违背历史发展的规律，总是搬起石头砸自己的脚，总是自找死路而且至死不悟，这是由他们的阶级本质决定的。对美帝国主义和蒋匪帮这种反动的阶级本质，毛主席早就作了最深刻的揭发、最透彻的阐述。毛主席教导我们：帝国主义和一切反动派"它的本性是不能改变的，帝国主义分子决不肯放下屠刀，他们也决不能成佛……"在人类历史上，凡属将要死亡的反动势力，总是要向革命势力进行最后挣扎的。"捣乱，失败，再捣乱，再失败，直至灭亡——这就是帝国主义和世界上一切反动派对待人民事业的逻辑，他们决不会违背这个逻辑的。"我国人民革命斗争的历史就是证明。

现在，美帝国主义支持蒋匪帮妄图冒险窜犯大陆，就是梦想卷土重来，实行反革命复辟，重新把中国人民拖回黑暗的旧社会，重新把中国变为美国的殖民地。我们一定要认清敌人这种凶残、阴险、反动的本质，永远不忘血海深仇，提高警惕，练好本领，随时准备粉碎敌人。

## 8月5日

今天是星期日，本来应该休息。可是因为任务重、工作忙，再加上汽车行驶里程到了二级技术保养期间，我想：完成任务要紧，保养好车辆重要，牺牲个人休息嘛，没有什么。因此，我还是照常工作。上午调整了汽车各部间隙，换了手制动片。下午送工作组首长到我团工作，一路很平安……

### 8月6日

我今天听一位同志对另一位同志说："人活着就是为了吃饭……"我觉得这种说法不对。我们吃饭是为了活着，可活着不是为了吃饭。我活着是为了全心全意为人民服务，是为人类的解放事业——共产主义而斗争。

### 8月8日

今天给一营二连拉粮食。上午8时从下石碑山出车，9时半左右就到达了抚顺粮站。这趟是副司机开的。因他缺乏驾驶经验，遇到紧急情况，就手忙脚乱起来，因此，轧死了老乡的一只鸭子。我立即叫他停车，向老乡道歉，并给老乡赔偿了两元钱，使老乡没意见，很受感动。

### 8月9日

今天我看了一位科学家对青年讲的一段话，对我的启发教育很大。他说："你在任何时候，也不要以为自己什么都知道。不管别人怎样器重你们，你们都要有勇气对自己说：'我没有学识！'决不要陷于骄傲。因为一骄傲，你们就会固执起来；因为一骄傲，你们就会拒绝别人的忠告和友谊的帮助；因为一骄傲，你们就会丧失客观方面的准绳。"

这些话好得很，我不但要永记，而且要贯彻到言语行动中。

### 8月10日

今天，我认真学习了一段毛主席著作，其中有两句话对我教育最深。主席教导我们说："虚心使人进步，骄傲使人落后。"这是千真万确的真理。过去，我在一切言论或行动中，按主席的教导做了，因此我进步了。现在，我仍然牢记了主席的这一教导，坚决努力，要求自己更好地做到这一点。

今后，我要更加珍爱人民和尊敬人民，永远做群众的小学生，做人民的勤务员。

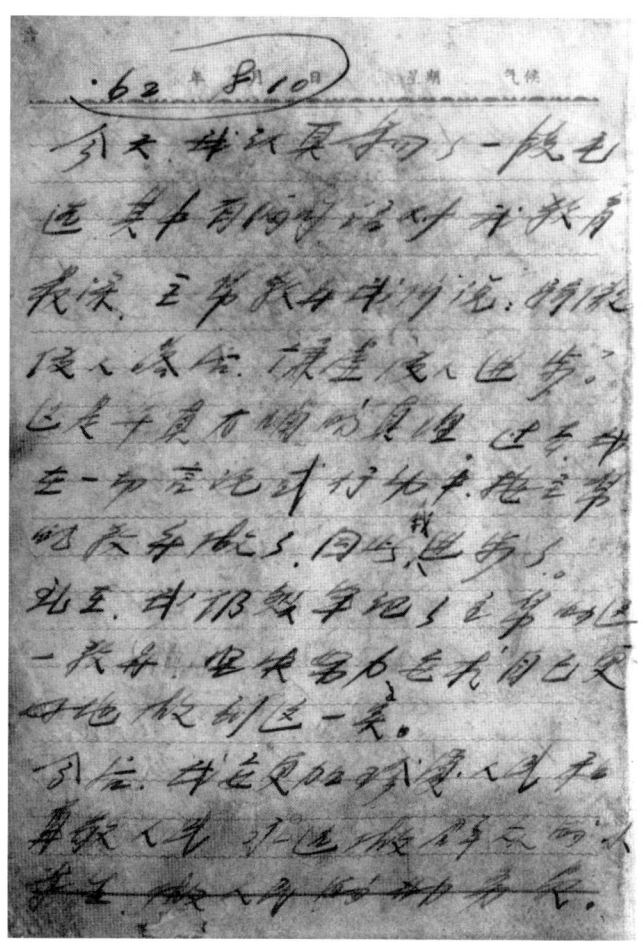

雷锋日记手稿

# 眉 批
MEIPI

## 学习毛泽东著作书眉笔记
### （1960年1月—1962年8月）

汽车司机×××同志，他对汽车上的分电盘的构造及原理、工作情形不大了解。前天出车，分电盘出了故障，他不问别人应该怎样调整，便自己乱整理，结果把分电盘搞坏了。应该听毛主席的话，不懂不装懂，虚心学习，不懂就问，一定要把问题真正弄明白，才能把事情办好。

——《毛泽东选集》第一卷第163—164页书眉笔记

有一天我们到地里劳动，有两个战士发生了争吵。五班长刚好走来，看到这种情况，没有了解究竟是什么原因争吵起来，便狠一顿刮，把有个战士都训哭了。本来是一件小事，五班长没有搞清楚，一批评反而把事情弄大了。由于他没了解情况就给人家扣大帽子，因此引起了很多人的反对。这件事给了我深刻的教育。毛主席教导我们："没有调查就没有发言权。"五班长没了解情况就批评和给人家扣大帽子，因此就出了乱子。

——《毛泽东选集》第一卷第301页书眉笔记

我决心听毛主席的话……事事大公无私，处处从党和人民的利益出发，全心全意为人民服务，决不让有一点肮脏的个人利益低级趣味的东西来玷污自己，向白求恩学习，做一个毫不利己、专门利人的人，为共产主义奋斗终身。

——《毛泽东选集》第二卷第654页书眉笔记

昨天晚饭后，我们开了一个班务会，讨论如何搞好生产问题。有个战士到地里种菜去了，谁也不知道。后来有人说他看电影去了，班长信以为真，回来后狠一顿批评。那个战士很委屈，和班长顶了牛，说班长不了解情况乱批评。事情弄明白后，班长后悔地对那战士说："对不起，我错了。"从这件小事就证明了没有调查研究，就去批评和指责别人，是要碰钉子的。

——《毛泽东选集》第三卷第791页书眉笔记

坚决听毛主席的话，努力学习马克思主义的理论，并做到理论联系实际，改造思想，做好各种工作。

——《毛泽东选集》第三卷第817页书眉笔记

我要全心全意为人民服务，为党和阶级的最高利益，牺牲自己的一切，直至生命。

——《毛泽东选集》第三卷第1003页书眉笔记

我要为人民利益而死。

——《毛泽东选集》第三卷第1003页书眉笔记

我觉得一个革命者活着,就应该把毕生精力和整个生命为人类解放事业——共产主义全部献出。我活着只有一个目的,就是做一个对人民有用的人。生为人民生,死为人民死。

——《毛泽东选集》第三卷第1004页书眉笔记

毛主席的这一段话,对我有很大的启发和教育。十多年来,我在党的不断培养和教育下,提高了政治思想觉悟,树立了为共产主义事业奋斗到底的雄心大志,因此在各项工作和学习中取得了一点点成绩,党和人民给予了我很大的荣誉。自从去年各报刊和广播电台介绍了我的情况以后,我收到了全国各地许多青年的来信。今天党对我这样信任,同志们对我这样尊重,我一定要更加虚心,尊重大家,努力学习,忘我工作,时刻牢记毛主席的教导,永远做一个人民的小学生。

——《毛泽东选集》第三卷第1013页书眉笔记

今年2月我因公从沈阳到大连,在乘火车的时候,我看到旅客很多,服务员忙不过来。这时我想起毛主席的话"全心全意地为中国人民服务"……于是我当了一名义务服务员,给旅客倒水,扫车厢,擦玻璃,照顾了一位有病的老太太,帮助一个老大爷解决他旅行中的经济困难。

——《毛泽东选集》第三卷第1039页书眉笔记

我是人民的子弟兵,一定要永远牢记党和毛主席的教导,无论什么时候都要关怀、爱护人民群众的利益，为人民群众的利益而战斗不息。

我们的党、政府和全国人民对革命军人的关怀和照顾，是无微不至的。作为一个革命战士的我，是多么地自豪啊，但是我不能骄傲，一定牢牢记住党和人民对我的嘱托，努力学习，积极工作，勇敢战斗，保持和发扬人民军队的优良传统。

学了毛主席的著作，使我心里明亮，思想开朗，劲上加劲，主席的教导便成了我前进的动力。为了支农，我牺牲了自己半天休息时间，积了八百多斤粪肥，准备送给人民公社，为争取农业丰收而献出一份力量。

——《毛泽东选集》第三卷第1039页书眉笔记

思想教育应该是经常的，长期的。正如洗脸一样，一天不洗，脸上的脏东西和灰尘就不掉。要是长期不洗，脏东西和灰尘就会在脸皮上结成壳，人家看了，肯定骂他是懒汉。人的思想也是这样，如果不经常教育，不用正确的思想克服错误的思想，思想就会出毛病。思想上背了包袱，工作就会消极，干劲就不足，各项任务就不能完成，我们应该重视思想教育。无论干什么事，只要把人的思想搞通了，一切就好办了。

——《毛泽东选集》第三卷第1095页书眉笔记

今天，我们依靠自力更生迅速建设社会主义。

——《毛泽东选集》第四卷第1132页书眉笔记

人民的觉悟、勇敢、牺牲精神比物质原子弹的力量强大得多，有用得多。这是我们专有的。

——《毛泽东选集》第四卷第1133页书眉笔记

工作就是斗争，为着解决困难，对困难的回答就是斗争，对斗争的回答就是胜利。

——《毛泽东选集》第四卷第1160页书眉笔记

我觉得一个共产党员是人民的勤务员，应当把别人的困难当成自己的困难，把同志的愉快看成是自己的幸福。

——《毛泽东选集》第四卷第1161页书眉笔记

革命：革敌人的命；革自然的命；革困难的命。

——《毛泽东选集》第四卷第1162页书眉笔记

我要严格遵守纪律……认真贯彻三八作风，尊重首长，热爱同志，搞好团结，做一个遵守纪律的模范。

——《毛泽东选集》第四卷第1239页书眉笔记

"刀把子"必须要由我们自己掌握，才有我们自由幸福的日子。

——《毛泽东选集》第四卷第1259页书眉笔记

农业是基础。

——《毛泽东选集》第四卷第1314页书眉笔记

坚决执行党的路线、政策，才能坚持正确的方向，做好工作。

——《毛泽东选集》第四卷第1314页书眉笔记

坚决将革命进行到底！决不半途而废。

——《毛泽东选集》第四卷第1380页书眉笔记

工人阶级是最先进、最觉悟、最有组织纪律、最有前途的阶级。工人阶级在旧社会受剥削受压迫最深，生活不如牛马，要求革命最坚决，革命最彻底。我国人民在工人阶级先锋队——伟大的中国共产党的正确领导下，取得了革命的伟大胜利，取得了社会主义建设巨大成就，将来会取得一个更美好的共产主义社会。

——《毛泽东选集》第四卷第1483页书眉笔记

蒋介石发动三次内战，捣乱，失败，再捣乱，再失败，直至被打得落花流水，逃往台湾。最后，他们必定失败。

——《毛泽东选集》第四卷第1490—1491页书眉笔记

天天读毛主席的书，听毛主席的话，按毛主席的指示办事，做毛主席的好战士。

——《毛泽东著作选读》扉页书眉笔记

一个人只要大公无私，处处从党和人民的利益出发，兢兢业业为党工作，老老实实为人民服务，就是一个有益于人民的人。

——《毛泽东著作选读》第32页书眉笔记

一个人只要他不存私心，时时刻刻考虑人民的利益，全心全意地去为人民服务，他就能成为一个道德高尚的人。

——《毛泽东著作选读》第32页书眉笔记

加强工作责任心，对同志对人民要忠诚，要热情，要关心，要互相帮助。

——《毛泽东著作选读》第32页书眉笔记

一个革命战士必须具有把一切献身于无产阶级革命事业的崇高理想。

——《毛泽东著作选读》第33页书眉笔记

不但要有好的思想，而且还要有高超的技术，才能更好地为人民服务。

——《毛泽东著作选读》第33页书眉笔记

文章的结尾告诉了我们要做一个什么样的人。

——《毛泽东著作选读》第33页书眉笔记

我活着就要做一个对人民有用的人。

——《毛泽东著作选读》第33页书眉笔记

真正的团结，是建立在批评与自我批评的基础之上的。

——《毛泽东著作选读》第51页书眉笔记

无数革命先烈为了人民的利益牺牲了他们的生命，给我们换来了幸福。今天，我们没有理由不好好工作和学习，没有理由不改正缺点和错误，没有理由只顾自己不顾集体，没有理由只顾个人眼前利益，而忘记了整个无产阶级的最大利益。

——《毛泽东著作选读》第51—52页书眉笔记

团结是党的生命。

——《毛泽东著作选读》第52页书眉笔记

只有团结才有力量，这力量是铁，这力量是钢，比铁还硬，比钢还强。

——《毛泽东著作选读》第53页书眉笔记

这篇文章好得很，对我的启发教育极大，我要继续深入反复地学习。

学习毛主席看问题两点论的观点；

学习毛主席的实践观点；

学习毛主席的阶级斗争观点；

学习毛主席的群众观点；

学习毛主席批评与自我批评的观点；

学习毛主席谦虚谨慎的观点；

学习毛主席善于团结的观点；

学习毛主席全心全意为人民服务的观点。

我坚决永远学习毛主席的思想、观点和方法,永远做毛主席的好战士。

——《毛泽东著作选读》第53页书眉笔记

学习愚公不怕困难,敢于斗争,敢于胜利的精神。

——《毛泽东著作选读》第54页书眉笔记

愚公能挖掉两座大山。我有恒心克服各种困难,学习好军事技术和毛主席的著作,把自己锻炼成为一个又红又专的共产主义革命战士,更好地为人民服务,为人类的解放事业——共产主义而贡献自己的一切。

——《毛泽东著作选读》第57页书眉笔记

人的因素第一。人民,只有人民才是创造世界历史的动力。

——《毛泽东著作选读》第66页书眉笔记

伟大的中国人民解放军,正因为有铁的纪律,全心全意为人民,所以百战百胜,无敌于天下。

我们要以邱少云为榜样,做一个具有高度组织纪律的革命战士。

——《毛泽东著作选读》第69页书眉笔记

我们对待在政治上、思想上有毛病的人,不能采取粗暴的态度和强制的方法，而要采取治病救人和耐心说服的方法。

——《毛泽东著作选读》第82页书眉笔记

工人阶级是革命的领导阶级。因为工人阶级是最进步，最有觉悟，最有远见，最有组织纪律，最有发展前途，大公无私，是革命最彻底的阶级。

——《毛泽东著作选读》第84页书眉笔记

认识了缺点就等于改正了一半，改正了缺点就是进步。

——《毛泽东著作选读》第85页书眉笔记

此文章不仅揭露了美帝国主义的本质和侵略中国的罪证，给对敌人抱有幻想的人敲了警钟；更重要的是体现了毛主席不断革命的思想。我们永远对敌人不能抱任何幻想，只有树立长期斗争的思想，才能取得革命的彻底胜利。

——《毛泽东著作选读》第88页书眉笔记

虚心使人进步，骄傲使人落后。

——《毛泽东著作选读》封底笔记

人们常说：什么藤结什么瓜，什么阶级说什么话。

——《实践论》（单行本）第2页书眉笔记

理论应该联系实际，改造思想，指导行动。

——《实践论》（单行本）第13页书眉笔记

坚决听毛主席的话，满腔热忱地去参加各种实际斗争，不断提高自己，做好工作，为共产主义事业献出毕生精力。

——《实践论》（单行本）封二笔记

马克思列宁主义告诉我们：只要我们做工作，缺点就会存在。我们应该务求不发生或很少发生缺点，但最好也只能做到不发生大缺点、全面性的缺点和长期性的缺点。至于小缺点、局部性的缺点和暂时性的缺点，不论做什么工作都是难以完全避免的。对待缺点的正确态度应该：既承认缺点是难以完全避免的，又相信经过人们的努力，缺点是可以克服的；既不否认缺点是客观存在的，又要严肃认真克服缺点，吸取教训，改进工作。

——《实践论》（单行本）封底笔记

矛盾存在于一切事物的发展过程中，贯穿于一切过程的始终，这就是矛盾的普遍性。不同的事物，有着不同的矛盾，这就是矛盾的特殊性。

——《矛盾论》（单行本）第1页书眉笔记

过去我看到有的人入了党，有的评为了劳动模范，可是自己呢？同样是受到党的培养教育，进步为什么就慢呢？经过学习毛主席的《矛盾论》，我找到了原因：主要是自己过去年幼无知，主观努力不够，要求进步不迫切等等。原因找到了，我就处处听党和毛主席的话，抢着去做各种工作，因此也评为了劳动模范、先进生产者、革新标兵等。

——《矛盾论》（单行本）第4页书眉笔记

外因是条件，内因做决定。要想求进步，主观多努力。

——《矛盾论》（单行本）第5页书眉笔记

要搞好工作，搞好学习，克服困难，就要揭露矛盾，找出解决矛盾的方法，并努力解除矛盾。

——《矛盾论》（单行本）第8页书眉笔记

我们建设强大的国防军，就是消灭反动派和帝国主义的条件。

——《矛盾论》（单行本）第36页书眉笔记

后进的同志经过教育和帮助，提高了认识，坚持政治标准，变先进。

——《矛盾论》（单行本）第37页书眉笔记

先进的同志如果干劲不足，不努力学习，骄傲自满，转变后进。

——《矛盾论》（单行本）第37页书眉笔记

共产党之所以能够领导人民群众，正因为，而且仅仅因为，它是人民群众的全心全意的服务者。它反映人民群众的利益和意志，并努力帮助人民群众组织起来，为自己的利益和意志而斗争。

——《关于正确处理人民内部矛盾的问题》（单行本）第17页书眉笔记

毛主席的话给了我深刻的教育和启发。根据我国目前的情况来看，还存在着许多困难。例如，当前的粮食供应不足，市场供应紧张等，都是因为遇到自然灾害给我们造成的暂时困难。为着克服这些困难，就要十分地听党和毛主席的话，一切做长期打算……注意节约。

今天司务长给我两套单军衣和两套衬衣，我只各领了一套，剩下那两套衣服交给了国家，以减少国家的开支，支援祖国的建设。

——《关于正确处理人民内部矛盾的问题》（单行本）第23页书眉笔记

我决心好好学习，好好工作，练好身体，把自己锻炼成为一个毛主席的好战士，决不辜负党对我们青年的期望。

——《毛泽东在苏联的言论》第14—15页书眉笔记

## 诗 歌
SHIGE

### 永远学习黄继光
（1960年1月9日）

我永远向您学习，
英雄的战士黄继光！
我是党的儿子，
人民的勤务员，
为了全人类的自由、幸福、解放，
哪怕高山、大海、巨川！
为了党和人民的事业，
就是入火海，进刀山，
我甘心情愿！
断头骨粉，
身红心赤，
永远不变！

——雷锋（盖章）

贴着黄继光画像的日记本扉页

## 自己题
（1960年1月18日）

雷锋同志：
愿你做暴风雨中的松柏，
不愿你做温室中的弱苗。

——于新兵连

## 唱支山歌给党听[①]
（1960年1月）

"唱支山歌给党听，
我把党来比母亲；
母亲只生我的身，
党的光辉照我心。
旧社会的鞭子抽我身，
母亲只会泪淋淋；
共产党号召我们闹革命，
夺过鞭子揍敌人。"

---

[①] 此诗原作者为姚筱舟，其中表达的对党的热爱、对旧社会的仇恨，都与雷锋的苦难身世、政治立场、感恩情怀十分贴切，使雷锋产生了强烈的情感共鸣。姚筱舟撰文指出，当年《雷锋日记》被编印成册，上海实验歌剧院作曲家朱践耳看到雷锋日记里抄写的该诗，有感而发谱写成曲，并给当时在上海音乐学院深造的才旦卓玛试唱，很快传遍大江南北。这一首诗能成为歌词，归功于雷锋摘抄时做的修改。雷锋将原诗中的"母亲只能生我身"改成"母亲只生我的身"，"党号召我们闹革命"改为"共产党号召我们闹革命"，并删除了最后四句关于"大跃进"的内容。如此一删一改，使主题更鲜明，更具有音乐的张力，更适宜谱曲了。

## 穿上军装的时候
（1960年3月）

小青年实现了美丽的理想，
第一次穿上庄严的军装，
急着对照镜子，
心窝里飞出了金凤凰。

党分配他驾驶汽车，
每日就聚精会神坚守在车旁，
将机器擦得像闪光的明镜，
爱护它像爱护自己的眼睛一样。

——写在日记本上

## 力量从团结来
（1960年3月9日）

力量从团结来，
智慧从劳动来，
行动从思想来，
荣誉从集体来。

——写在日记本上

## 革命需要
（1960 年）

革命需要我烧木炭，
我就去做张思德。
革命需要我去堵枪眼，
我就去做黄继光。

## 学好主席书
（1960年）

士兵学好主席书，
立场坚定干劲足。
老粗能够变老细，
分析问题不迷糊。

——写在日记本上

## 练 兵
（1960年）

天上星斗亮晶晶，
营部响起军号声。
各连集合站好队，
精神抖擞去练兵。

月儿当头亮光光，
战士握枪上靶场。
哪怕冰霜寒刺骨，
坚决要打靶中央。

——写于新兵训练时

## 一家人
（1960年）

松柏树，根连根，
石榴结籽心连心。
解放军和老百姓，
本来就是一家人。

——写于防洪抢险中

## 新旧社会对比
（1960年）

想起来，好心酸，
想起过去想今天。
旧社会里当牛马，
吃糠咽菜苦难言。
夏天无衣光着膀，
冬天麻袋遮风寒。
层层剥削受压迫，
死在阳沟无人管。
自从来了共产党，
当家做主把身翻。
参加企业来管理，
咱们工人掌政权。
过去黑暗全扫净，
如今生活乐无边。
丰衣足食多幸福，
党的恩情比蜜甜。
旧社会工人苦中苦，
新社会工人福中福。

新旧社会来对比，
我们饮水要思源。
生活好来别忘本，
勤俭持家不浪费。
余钱送到储蓄所，
利国富民真是强。
节约储蓄好处大，
建设咱们新国家。

——发表在墙报上

## 还有后来人
（1960年）

砍头不要紧，
只要主义真。
杀了雷明亮①，
还有后来人！

——写在日记本上

---

① 雷明亮是雷锋的父亲，大革命时期任农协会自卫队队长，1944年日军侵占长沙，因反抗日军抓挑夫遭到毒打，几个月后病情加重含恨离世。

## 跟着党走
（1961年4月）

随着太阳不会挨冻，
跟着党走不会迷路。
随着太阳就有温暖，
跟着党走就有幸福。

——写在日记本上

## 参加市人代会有感
（1961年8月）

过去当牛马，
今天做主人。
参加代表会，
讨论大事情。

人民有权利，
选举自己人。
掌握刀把子，
专政对敌人。

衷心拥护党，
革命永继承。
哪怕进刀山，
永远不变心。

## 困难不可怕
（1961年）

应该怎样对待困难——
　　　是战斗！
困难只能欺侮那些不能吃苦的人，
　　　困难害怕吃苦耐劳的战士。
困难只能欺侮那些胆小鬼，
　　　困难害怕顽强进攻的战士。
困难只能欺侮那些懒汉，
　　　困难害怕认真学习的人。
困难只能欺侮那些脱离群众的人，
　　　困难害怕团结一致的伟大集体。
　　　　　　——写在日记本上

## 一颗红心献给党
（1962年2月13日）

党代会将要召开，
心中无限高兴，
是英雄的会师，
党的优秀儿女的集结。
互相交流经验，
制定六二年工作措施，
让党的新任务考验自己。

隆重大会就要开幕，
我用什么礼物迎接？
最宝贵的是决心和意志。
冬训任务已经完结，
目前做好一切施工准备，
迎接新的任务，
争取更大的胜利。

我要更好地读毛主席的书，
大踏步前进，

坚决完成党交给的一切任务。
用我的心情向大会祝贺,
预祝大会成功,
预祝大会胜利。
　　　　　——写在日记本上

## 我永远是党的忠实儿女
（1962年2月26日）

过去，
我是个孤苦伶仃的穷光蛋。
现在，
我是个光荣的共产党员，国家的主人。
将来，
我永远是党的忠实儿女，人民的勤务员。

——写在日记本上

## 百炼成钢
（1962年3月）

不经风雨，
长不成大树；
不受百炼，
难以成钢。

——写在日记本上

## 宁 愿
（1962年8月7日）

宁愿失掉生命，
不愿失去自由。
宁愿洒尽鲜血，
决不投降敌人。
宁愿折断筋骨，
不做人民的罪人。

——写在日记本上

# 文章
WENZHANG

## 敢想敢做的人
（1960年1月）

生龙活虎女英雄，李小平就是她的名。

人小聪明有天才，创造发明幸福来。

自动水车转轮轮，三用机子也制成。

五星公社人人夸，称她是一个女仙家。

在五星人民公社胜利村，流传着这样的一首歌谣，赞扬青年发明家的模范事迹。她今年8月间才满十八岁，小姑娘长得很结实，圆圆的脸儿，端正的鼻子，有一对并不大却非常明亮的眼睛，眼珠子转来转去，总像在搜索什么东西似的，说起话来眉飞色舞。她的头发剪得短短的，用橡皮筋扎成两小辫。当她说话摆动着头部，那两小辫头发就像下乡货郎担手里摇摆着的手鼓向两边摆动起来。

当我问到她的创造发明的情形时，她说："由于党的英明领导，村里人人干劲冲天，生产一日千里。我看到生产工具还落后，尤其是今年6月间，天久晴不雨，抗旱十分紧张，村里的人真是累得要命，我早就想创造一部自动水车和三用机……"

——写在日记本上

## 人的主观努力可以克服困难[1]
### （1960年）

1960年1月，我从工厂入伍，穿上了黄军装，戴上了黄军帽，从心眼里感到高兴。紧张的军事训练开始后，困难接二连三的出来了：不懂军事技术，没有放过枪，拿起枪手就发颤……投手榴弹也总是达不到要求。怎么办？这时我就想了想毛主席所说的：矛盾着的对立的双方互相斗争的结果，无不在一定条件下互相转化，困难的客观条件不是一成不变的，人的主观能动性可以使客观条件变化和发展。毛主席所指的矛盾转化的重要条件，就在于本人的主观努力，人是克服困难决定性的条件。我们只要立下雄心大志，藐视困难，那么失败和胜利这个对立的矛盾，是可以互相转化的。困难的本身也就包含着胜利的因素。道理想通了，我就要按照毛主席的指示去办，首先向老战友请教了射击和投弹的要领，每天起早贪黑进行练习，胳膊痛的像针扎一样，还是坚持了。经过二十多天的苦练，终于取得了射击和投弹的优秀成绩。……

---

[1] 本文根据雷锋的手稿整理，标题为编者所加，创作时间为编者判定。

## 我们青年要立下四个志气[1]

（1960年6月16日）

每一个人都应该有一颗钢铁的心，能做到即便是手无寸铁去打仗，他也一点都不害怕。

要善于看到别人的长处。并要学习这些长处，即便对在许多方面都不如自己的人，也要向他学习。因为寸有所长，尺有所短，多向别人的长处看齐，对自己、对工作都会有帮助。

我们青年要立下四个志气：

一、立下发愤图强、建设社会主义强国的志气；

二、立下全心全意为人民服务、把一生献给共产主义的志气；

三、立下艰苦奋斗、勤俭建国的志气；

四、立下刻苦学习、攻克现代科学文化堡垒的志气。

---

[1] 本文摘自《雷锋志》（白山出版社2013年版）。

## 积少成多　滴水成河——记傅长奇爱护国家财产的事迹[①]
（1960年9月24日）

傅长奇同志是驻厂部队十五小队五排的汽车司机，担负着基建工程的材料运输任务。他每天驾驶着自己心爱的汽车不知飞奔过多少原野，走过了多少城市村庄，载运了多少基本建设工程所需用的材料。特别是党提出以粮、钢为中心的增产节约运动的号召以后，他的车跑得更快了。不管是白天或者是黑夜，只要工作需要，他的车就跑个不停，所载运的东西大部分是工程所需的水泥。

9月份，排里开展了一个"每人做一件好事迎接国庆"的活动。全小队的同志立即沸腾起来了。傅长奇更不例外，他的脑子反复想着："我每天和汽车打交道，能做件什么好事呢？"他看见别人都动手干起来，急得觉也睡不好，总怕落在别人后面。

一天，他把装着水泥的车停在连地以后，就在连地附近找做好事的线索去了。一直到别人把车上的水泥卸完了他才回来。他在汽车周围踱来踱去，像找什么似的，忽然发现车厢里还有遗漏的水泥。他想：把这些遗漏的水泥收集起来，这不就做了一件好事吗？从此，他就和本班那红才同志担负起打扫车厢上的水泥的任务。他们提着水桶每天、每车像挖车缝一样地打扫着水泥，唯恐给国家浪费了一点水泥。傅长奇收集的水泥越来越多，他的干劲也越来越大。

---

① 本文是雷锋随部队参加抚顺钢厂工程建设时采写的报道，刊载于1960年9月24日的厂报《红星报》。

有一天，他开车到沈阳，回来时已经是深夜12点钟，大风呼呼地吹着，阴沉沉的天气，伸手不见五指。但是傅长奇同志停车后，忘记了冷，也顾不得吃饭，便急忙借了个手电筒去打扫水泥。这时，车场上的值班员以为他在修理车呢，就向他招呼："老傅，天这么晚，又没有月亮，等明天再修理吧？"可是傅长奇没吭声，仍在那扫，值班员有点奇怪，就走上前去，一看原来是打扫车厢上的水泥，便自言自语地说："我要向老傅学习！"

又一天，傅长奇同志到营部开会，在途中看见一点水泥撒在路上，便掏出手绢把这一点水泥包起来。这消息传开后，五排全体同志都纷纷学习傅长奇那种爱护国家财产的高贵品质，每人都有个小水桶专门收集一点一滴的水泥。

一天两天，一点一滴，真是积少成多，滴水成河。傅长奇同志就这样一点一滴地捡回水泥四百余斤，给大家树立了一面增产节约的红旗。

## 看了《和美国记者安娜·路易斯·斯特朗的谈话》的感想
（1960年12月18日）

我认真地读了这篇文章，越读越觉得心里明亮，一连看了好几遍。毛主席所说的每一句话，都给了我无穷的力量，同时深深地教导了我。

我记得刚入伍的时候，团政治处主任给我们上第一堂政治课，他讲到帝国主义不甘心它的灭亡……准备进攻我们社会主义国家，妄想独霸全世界。

通过这篇文章的学习，我知道了帝国主义和一切反动派都是纸老虎。看起来，反动派的样子是可怕的。但实际上并没有什么了不起的力量。从长远的观点看问题，真正强大的力量不是属于反动派，而是属于人民。美帝国主义想拿原子弹来吓倒我们，是决办不到的。历史证明了帝国主义和一切反动派都是纸老虎。拿我们中国的革命来说，全国人民在共产党的正确领导下，用小米加步枪，战胜了蒋介石的飞机加坦克，并推翻了几千年来压在我国人民头上的三座大山，解放了全中国，建立了人民当家做主的新国家。但是美帝国主义不甘心，想来夺取我们中国这块肥肉，因此在1950年发动了侵朝战争，妄想利用朝鲜作跳板进攻中国。由于中国人民志愿军和朝鲜人民军配合英勇的作战，把美帝国主义打得落花流水，不得不和我们进行停战谈判。这些历史就证明了帝国主义和一切反动派都是纸老虎，并不可怕。原因正是毛主席所说的"……就在于反动派代表反动，而我们代表进步"。在这东风压倒西风的大好形势下，我坚决听毛主席的话，跟毛主席走，将革命进行到底。

——写在日记本上

## 做毛主席的好战士 ①
（1960 年 12 月）

1960年1月，我响应了祖国的征召，光荣地参加了中国人民解放军。当一个保卫祖国的人民解放军战士，这是我从小的愿望。因此，当车间李书记作了应征入伍的动员报告后，我内心激动得很久不能平静。夜间，我躺在床上翻来覆去地睡不着，一段悲惨的家庭遭遇和痛苦的童年生活的辛酸回忆，使我更加坚定了保卫祖国的决心。

我出生在一个贫苦的农民家庭。父亲给地主做长工，后来参加革命，被日本鬼子折磨死了。哥哥给资本家做工，手指被机器轧断，脑袋被撞伤，家里无钱医治，不久也死了。母亲领着我抱着弟弟去讨饭，因吃不饱、穿不暖，幼小的弟弟就活活被饿死了。……

1949年的夏天，我们家乡解放了，乡长彭德茂把我送到人民医院，治好了全身的疮疖。过年的时候，还给我换上了新衣服，还给我一块压岁钱。我感动得流下了热泪，叫他是自己的救命恩人。彭德茂告诉我："我们的救命恩人是毛主席，是共产党，是解放军。现在，你可以为你的父母兄弟报仇了。"

我是从阶级敌人、民族敌人的压榨下挣扎过来的，是在阶级

---

① 本文是沈阳军区《民兵之友》特约雷锋写的一篇文章，刊载于1960年12月第18期。

友爱的革命大家庭里成长起来的。想想过去，看看现在，我知道恨谁，爱谁，我知道保卫我们可爱的祖国，是我们青年的神圣职责。我一定要积极响应党的号召，争取当一个光荣的人民战士，把自己的青春献给保卫祖国的伟大事业，这就是我一生的最大光荣。

我想到这些，从床上爬起来就跑到车间办公室，叫醒了熟睡的李书记。我问他："我能不能入伍呀？"他说："能呀！像你这样身强力壮的小伙子，参加人民解放军是顶呱呱的哩！"他看了我一下说："哎呀，小雷，你怎么没穿棉衣呀！下这么大的雪，不冷吗？"此时，我才觉得有些冷意。回到宿舍，我又连夜写了入伍申请书。第二天一早，我想到车间报个头名，谁知道头名叫另外的同志抢去了，真想不到我却报了个第二名。

不久，厂里锣鼓喧天地把我和其他检查合格的青年送到辽阳市，可是经市一检查，说我个子矮，不批准我。这可把我急坏了，两眼含着泪水一口气跑到身体检查站，向余政委问道："凭什么不叫我参军，我哪一点不够格？"余政委说："你个子太小了……"难道因我个子小就不能保卫祖国吗？难道因我个子小就不能为自己的亲人报仇吗？我满肚子的委屈一齐涌上心头，扑到余政委的怀里痛哭了一场。余政委看我人小意志挺坚决，就同意我入伍了。我高兴地擦干了眼泪，穿上发给我的新军装，对着镜子一照，真把我乐坏了。我挺着胸膛，走进了革命队伍的行列，我的理想终于实现了。

当我刚刚走到部队的第一天，就觉得有着说不出的温暖。头一天晚上，因我在火车上受了凉，有点咳嗽，夜间睡不着觉，看到营长轻轻地走到我们的房间，给同志们盖被子。营长看我还没睡着，就小声地问我："小雷，怎么啦，是不是受了凉？"我想，首长工作又忙又累，夜间还来看我们，自己有点小病还是不告诉他好，以免麻烦。深夜一两点钟了，营长又关怀地走到我身旁，把自己的被子和大衣给我轻轻地盖上，还请来医生给我看病，我激动得泪水流湿了枕头。这一切，我看在眼里，记在心上，真感到祖国到处都有着我慈祥的母亲——伟大的共产党在关怀着我。

入伍不久，军事训练就开始了。我一听训练的是保卫祖国的本领，我的劲头就更足了，可是在投手榴弹时，因为我个子小，臂力不大，总也没有达到要求。一个革命战士，如果在战场上掷不出去手榴弹消灭不了敌人，那怎么能行呢！于是，我起早贪黑地练习，有时晚上借着月光，偷偷地从床上爬起，拿着手榴弹就练一会儿，有时胳膊疼得很厉害，可是一想到吃点苦、受点累是为了保卫祖国的时候，就是再疼一点，又算得了什么呢！经过一个时期的锻炼，终于达到了要求，取得了实弹投掷的资格，在训练时，准确地把手榴弹投到"敌人"的碉堡里。

一年来，经过党和部队首长的培养教育，我不仅学会了一套保卫祖国的本领，也大大地提高了自己的政治觉悟和思想水平。通过毛主席著作的学习，更加鼓舞了自己保卫祖国的决心，坚定了永远是个战斗队的思想，决心用毛主席的思想武装自己的头脑，做一个毛主席的好战士。

1960年夏天，我在街上看到抚顺市望花区红旗招展，锣鼓喧天，成千上万的人穿着节日的盛装，庆贺人民公社的诞生。可是，在这个全民欢腾的日子里，应该怎样表达一下自己的心意呢？我把自己两年来在工厂和部队积下的二百元钱，全部从储蓄所取出来，送到望花区人民公社。公社党委不肯收我的钱，经我再三地要求，才收留了一半。

同年8月，辽阳市遭受了特大的洪水灾害，党中央和毛主席派飞机给灾区人民送来了粮食、衣服，我是人民的子弟兵，灾区人民有困难，我决不能袖手旁观，一定要大力支援灾区人民，和灾区人民同甘共苦，我把公社没有收的那一百元钱，连同我写的一封慰问信，一起寄到了中共辽阳市委。后来，市委又把钱寄给我了，并写了一封信表扬了我。

一年来，我亲身体验到部队是一个革命的大学校，在短短的时间里，我不仅提高了政治思想觉悟，掌握了现代军事技术本领，还立了两次功，被评为……"节约标兵"，并于1960年11月8日光荣地加入了伟大的中国共产党。我的这些进步，完全是在党的培养、部队首长的教育、老同志的帮助下所获得的。我有决心在今后的工作、学习中，争取更大的成绩。一定永远忠于党、忠于人民、忠于保卫祖国的伟大事业，做一个毛主席的好战士。

## 永远做毛主席的好战士[1]
（1961年1月1日）

我是一个在旧社会受尽阶级压迫和民族奴役的孤儿。解放后，在党和毛主席的哺育下，逐渐成长起来，并光荣地加入了中国共产党。我深深地感到，在我周身的每个细胞里，都渗透着党所给予的血液！

今后，我要更好地为党工作，认真读毛主席的书，听毛主席的话，按毛主席的指示办事。我决心在新的一年中，更深入持续地把毛主席著作学下去。初步计划在1961年学完《毛泽东选集》第四卷中《抗日战争胜利后的时局和我们的方针》等九篇著作，还要重读一、二、三卷中的有关著作。在学习中，我要做到联系实际，活学活用，用毛主席的思想来改造自己，把毛主席的思想真正学到手，永远做毛主席的好战士！

---

[1] 本文刊载于1961年1月1日的沈阳军区《前进报》。

## 怎样对待困难

（1961年1月18日）

### （一）什么是困难

走路这是谁都会的，可是对于刚开始学走路的小孩子来说，这就是十分困难的事，为了学会它，他不知道要跌多少次跤，可是没有一个小孩因为跌了一次跤便停止学走路，恰恰相反，当他刚刚学会走路的时候，他是多么高兴啊！他成天地扶着墙壁走来走去，跌倒了又爬起来，每进一步，他就感到快乐，这样经过多次失败以后，他终于学会走路了，原来困难的事，现在丝毫也不困难了。

1. 世界上有两类不同性质的困难

一类是旧事物在衰亡过程中所遇到的困难，是不能克服的。

一类是新事物在发展过程中所遇到的困难，是可以克服的。

比如：在帝国主义制度下所产生的困难，他们是永远无法克服的，为什么他们无法克服呢？这是因为帝国主义的事业是阻碍社会发展的，是反动的、没落的，不得人心的。

克服困难不仅要我们在主观上认识困难的规律，而且要在客观上具备战胜困难的条件，条件具备了，如果没有我们主观上的努力，困难仍然不能克服，反之，如果条件还没有具备，单有主观上的努力仍然是不能取得效果的。

2.怎样对待困难

人们对待困难的态度之所以不同,归根结底有两方面的原因:一方面是由于思想觉悟不同,一方面是由于思想方法不同。

3.见物又见人

见物又见人,即不超越客观条件所许可的范围去做那些现实不能做到的事情,又不被客观条件缚住手脚,充分发挥主观能动作用,做好一切经过努力可以做好的事情。这就是我们应该具有的正确的态度,有了这种态度,我们才能有成效,克服我们前进道路上的一切困难。

4.有利与不利

我们靠什么战胜困难呢?主要的就是要把一切有利的因素充分地调动起来,用以克服不利的因素。有利因素发扬了,不利因素克服了,困难也就被战胜了。

## (二)怎样战胜困难

1.深入实际调查研究。

2.相信群众,依靠群众。

3.抓住关键,彻底解决。

希望一下子把困难全部解决,这样做的结果,那就是十个指头捉跳蚤,一个也捉不到。

4.开动机器,苦思多想。

5.依靠党的领导。

党是我们的引路人,是我们的鼓舞者和组织者,是我们力量的源泉，我们要时时刻刻听党的话，执行党的指示，主动地自觉地依靠党的领导，依靠本单位的党组织。只要真正做到了这一条，我们就能征服困难。

——写在日记本上

## 苦甜观

（1961年1月24日）

我们连正在大张旗鼓地开展"两忆三查"运动，我一定要站稳立场，用无产阶级观点来观察和分析问题。毛主席教导我们："在阶级社会中，每一个人都在一定的阶级地位中生活，各种思想无不打上阶级的烙印。"我们常说：什么藤结什么瓜，什么阶级说什么话。站在不同的阶级立场上，用不同的阶级观点看问题，对于忆苦中遇到的问题也会有不同的看法。只有站在无产阶级立场上，用无产阶级观点看问题，才能得出唯一正确的结论。

比如说"苦"，如果站在地主阶级和资产阶级的立场上来看，由于他们在旧社会是统治阶级，他们把自己的幸福建筑在千千万万劳动人民的痛苦上，把千千万万劳动人民推到饥寒交迫和被凌辱被奴役的地位，来造成少数人的特殊权利和特殊享受，所以是不存在什么苦的。劳动人民的苦正是他们的乐。

站在小资产阶级和小私有者的立场上也不能深刻地认识到旧社会的苦和苦根，甚至也会看不到被剥削被压迫阶级的苦。因为这种人眼光短浅，私心很重，只图个人温饱，不关心广大劳动人民的命运，甚至自己也很想爬到资产阶级地位。只有站在无产阶级的立场上才能深刻地看到穷人在旧社会的苦。

再比如说"甜"，站在地主阶级和资产阶级的立场上，对新社会痛恨入骨，当然就感觉不到它的"甜"。站在小资产阶级、小私有者的立场上，也往往只看到个人的利益、眼前的利益，看不到全体劳动人民的利益和长远的利益，所以不能真正地认识到新社会的甜和甜源。只有站在无产阶级的立场上，才能深刻地看到新社会的甜和甜源。

看问题不仅要看现象，还要从现象中抓住本质。有人说南方的地主剥削农民轻些，农民受的苦稍浅些，北方的地主狠些，剥削农民重些，农民受的苦深一些，这都是不正确的。张三地主是活阎王，李四地主是笑面虎，这绝不能说张三地主不好，李四地主好些。天下的乌鸦一般黑。地主和农民的关系，是剥削阶级和被剥削阶级的关系。

一个阶级剥削另一个阶级，他们依靠什么呢？我们要看到生产资料所有制是决定性的问题。地主所以能剥削农民，资本家所以能剥削工人，就是因为生产资料掌握在他们的手里，绝不是工人农民的命不好。田在地主手里，他们掌握了活路，他叫你活，你就活；他叫你死，你就得死。新社会劳动人民所以有了甜，就是因为从根本上改变了生产资料所有制的关系，消灭了私有制，建立了社会主义公有制，我们自己掌握了活路。

为什么人数极少的剥削阶级能够占有大量的生产资料，剥削占绝大多数的劳动人民，骑在人民头上作威作福呢？我们还要懂得政权是革命的根本问题，经济制度是靠政权来维护的。剥削阶级总是和反动政府勾结在一起，他们依靠反动政府来维护他们的剥削制度。另外，一个国家的剥削阶级和他们建立的反动政权，在国际上还有帝国主义做靠山，他们紧紧结合在一起，剥削和压迫人民。在旧社会，军队、警察、法庭、监狱都是剥削阶级用来压迫和剥削人民的工具，人民有苦也只能往肚里咽。

只有当我们推翻了反动的统治阶级，人民才能当家做主。人民掌握了"刀把子"，才能改变这种人剥削人的经济制度，挖掉苦根子，栽下甜根子。

用阶级观点看清了苦和甜，又用阶级观点看清了苦根和甜源，紧接着提出来的是怎么办的问题。

用无产阶级观点简单地回答这个问题，就是要革命，要搞阶级斗争，推翻反动阶级的统治，消灭生产资料的私有制，将革命进行到底。

革命是严肃的斗争，我们必须树立艰苦奋斗的思想。我们革命的前辈在党和毛主席的领导下，历经千辛万苦，经过几十年的艰苦奋斗，才夺取了政权，建立了社会主义社会，把我们的苦变成了甜。我们决不能好了疮疤忘了疼，我们必须坚决听党的话，做毛主席的好战士，高高地举起毛泽东思想红旗，发愤图强，艰苦奋斗，坚决将革命进行到底。

——写在日记本上

## 自我鉴定[①]

（1961年9月10日）

　　…………

　　我在一切实际行动中……牢记了列宁的教导：多做日常细小平凡的工作，少说漂亮话。因此，我经常打扫卫生，掏厕所，捡大粪，在日常生活中养成热爱劳动的习惯；总想多做事，少说话。我乘火车时，给旅客倒水，扫车厢，擦玻璃，让别人多得些方便，自己辛苦一点，这是我感到最愉快的。

　　关于学习方面，我深刻地认识到：要想工作好，就得学习好。工作和学习的关系就像点灯加油一样：点灯如果不加油，就会变得暗淡无光，只有不断地加油，灯才会明亮。人只有不断地努力学习，才不会迷失方向。做好工作，否则就会落后，甚至犯错误。我懂得了这个道理后，越学越想学，哪怕有一点空余时间，我也要看看书报，增长自己的知识。现在我学习得很不够，决心继续努力，勤学、苦学、发愤学。我要学习一生，战斗一生。

---

[①] 本文是雷锋1961年9月10日写的自我鉴定材料的一部分。

## 入党转正申请书

（1961年9月19日）

我从去年11月8号入党后，激动的心情一直没有平静过。天天想，日日盼，总想转正的那天早日到来。现在离转正的时间不太长了，我迫切地向组织提出申请，要求早日转为一个正式的共产党员。

亲爱的党，我在您的抚育和教导下，从一个幼稚无知的穷孩子，成长为一个光荣的共产党员，我的眼睛明亮了，思想开朗了，革命的意志更坚强了，阶级立场站得更稳了。我懂得了人生的意义和应该怎样做人的道理，我提高了政治觉悟，明确了斗争的方向……

过去我受过许多苦，从内心恨透了三大敌人。解放后，党和毛主席拯救了我，把我抚养成人，我从心眼里热爱党和毛主席，从内心有说不尽感激党的恩情。在工作中埋头苦干，在思想上总想为党多出点力，党交给的各项任务，能坚决地完成。我所想的，所做的，都是以感谢党的恩情来指导一切行动的。因此，干工作只是一个人单打鼓、独划船地干，不懂得发动群众，不懂得把个人的力量和集体的力量结合在一起。以前，我对整个阶级的命运和利益认识是不足的，至于怎样为本阶级的利益去斗争也搞不大清楚。可是现在呢，我懂得了一滴水，只有放进大海里才永远不会干，一个人只有和阶级牢牢地焊在一起才能最有力量。我深刻地认识到，我的利益也就在阶级利益之中。如果没有整个阶级的解放，也就没有我的一切……因此，使我产生了献身本阶级最高利益的愿望。当我看到人们有困难的时候，我就想到：劳苦大众是一家，阶级兄弟要帮助，哪怕牺牲个人的利益或付出什么代价也甘心情愿。例如，我接到河南省一个民办小学的来信，他们说，因几年遭受自然灾害，造成了一些暂时的困难，要我给予他们以经济帮助。我看了这封信后，就向首长请示，准备卖掉自己的衣服和皮鞋，以支援他们办学。当首长没有同意我这种做法的时候，我心里却感到很不安，连觉也睡不着，我左思右想，后来把自己在部队一年零九个月所集留下来的全部津贴费（一百元），支援了干沟民办小学。我把钱寄去了，心里也就快活了。我为什么要这样做呢？这是我领会了党的精神，是党教给了我无产阶级的思想，是党不断培养和教育我的结果。

入党后，我虽然做了一个共产党员应做的事，但是比起党对我的要求和期望还做得很不够。我决心继续努力，永远站在无产阶级的立场上，永远忠于党，忠于人民。思想上要求准备战斗，准备在自己碰到最恶化的条件的时候，要为党为人民的事业贡献出自己的一切。

缺点：

因工作的需要，经常外出汇报，在生活上形成了一种自由散漫的作风。比如，有时候不请假外出，礼节不够周到，军容有时不够整齐。因今年我大部分时间在外地作汇报，很少参加党的组织生活,也没有经常向组织汇报自己的思想工作和学习情况。

对同志的帮助不够,没能经常进行谈心活动。工作缺少方法,有时抓住了这头却丢了那头,遇到具体问题,仅仅从大道理上作一些解释,究竟怎样解决,要达到什么为合适,自己心中没底。个性急躁,办事总想一口气得成。以上缺点坚决克服。

申请人　雷锋(盖章)

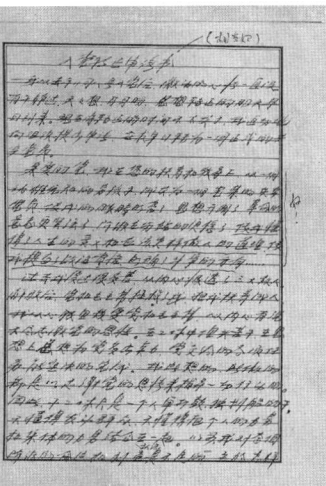

雷锋《入党转正申请书》手稿

## 工作方法
### （1961年12月2日）

"我们做工作，定指标，提任务，都要照顾需要和可能两个方面，不仅看需不需要这样做，而且看能不能做到，需要做而且能做到的我们就坚决做，需要做但是做不到或暂时做不到的，就不做或暂时不做。"

"我们工作方法的特点是：也用纪律也用说服。但是占比重很大的，占绝对优势的，是说服而不是纪律，说服是主要的方法，纪律是次要的方法。以说服为主，不以惩办为主。"

"严格要求是目的，耐心说服是方法，不能离开目的去讲究方法，这样就会舍本求末。也不能只顾目的而不讲究方法，这样目的也难于达到。"

"要把中心工作和经常工作结合起来，工作一定要善于抓中心，像打仗一样，集中力量，打歼灭战。毛主席说：'在复杂的事物的发展过程中，有许多的矛盾存在，其中必有一种是主要的矛盾……''捉住了这个主要矛盾，一切问题就迎刃而解了。'"

——写在日记本上

## 做一个有益于人民的人

(1961年)

我是一个在旧社会受尽阶级压迫和民族压迫的孤儿。解放后,在党和毛主席的哺育下,成长为一个国防军战士、光荣的共产党员。这是我很难想象的。要是没有党,怎能有我的今天呢?

我从1958年起,一直坚持学习毛主席著作,这是与党对我的培养和我对党对毛主席的热爱分不开的。几年来,虽然环境一变再变,工作担子愈来愈重,可是我从来没间断过政治理论学习,哪怕干了一天活很疲倦了。晚上我宁愿少睡点觉,也要坚持学习毛主席著作,实在疲倦了,就走出去打一盆冷水洗洗头,脑子清醒了,坐下来又看……

三年多来,我利用星期日、节假日以及出车前、饭前饭后和业余休息等一切可以利用的时间,读完了《毛泽东选集》一、二、三、四卷,其中有些文章我读了很多遍。另外,还读了《论共产党员的修养》等六十多本政治理论书籍。

通过学习毛主席的著作,我的政治觉悟、思想水平得到了很大的提高。我懂得了毛主席说的一个人的能力有大小,但只要有这点精神——为共产主义奋斗到底的精神,就是一个高尚的人,一个纯粹的人,一个有道德的人,一个脱离了低级趣味的人,一个有益于人民的人。毛主席教导我们要学习白求恩毫不利己的共产主义精神，使我认识到：作为一个人民战士，首先必须改造自己的世界观，具有高尚的共产主义精神、坚定的无产阶级立场、鲜明的人道主义观点，全心全意为广大劳动人民服务。从此我就决心向白求恩同志学习，做个有益于人民的人。

我从小就生长在毛主席的故乡，经常听到老人讲毛主席在小时候就很关心穷人、为人民做好事的故事。又通过几年来的学习毛主席著作，更加深了对毛主席的热爱。我深刻地认识到：毛主席的伟大实践过程，也就是全心全意为人民服务的过程。这给我的启发很大，教育很深。因此，我给自己规定：凡是对人民有利的事，就坚决拥护，积极去做，宁肯牺牲个人的一切。凡是对人民不利的事，坚决不做，并进行斗争。用它当作一个标尺，经常来衡量自己，检查自己，鞭策自己，这样也就促使我时时刻刻想为人民做点好事。有时我走路也想，吃饭也想，睡觉还想，看到一个问题或一件新事也想，不让一切不利于革命事业的个人利益、个人虚荣等等肮脏的、低级趣味的东西来玷污自己。

几年来，我在工作上和日常生活中按照党和毛主席的教导，不管什么工作，只要革命需要，对人民有利的就要做好。1958年，我在鞍钢当工人，利用新年放假期间到农村帮社员劳动，发现一家困难户。我立刻想起毛主席说的："我们的同志不论到什么地方，都要和群众的关系搞好，要关心群众，帮助他们解决困难。"我立刻掏出了五元钱，还脱下了自己的一套衣服送给了那家贫困户。

1959年,我在辽阳工作时,有一天晚上,突然下着大雨,工厂运到的七千二百袋水泥找不到东西盖,我立即从床上抱着自己的被子、褥子跑到工地盖上了水泥。我的被子、褥子虽然湿透了,但是国家的财产免遭重大损失,这就是我最大的幸福。

去年入伍后,我看到抚顺望花区新成立一个人民公社。我真从心眼里感到高兴,心想:毛主席领导全国人民搭了银桥又搭金桥。我是人民的战士,应该做点什么呢?想起了自己几年来积存下来的二百元钱,送给公社以表自己的心意。可是公社不肯收,经过我再三恳求,才留下了一半。不久,辽阳地区遭受了水灾,我在报上看到毛主席派来飞机给灾区人民运送粮食和衣物的消息,心里就想:毛主席给灾区人民送粮又送衣,我能给灾区人民干点什么呢?想到自己还有一百元钱,就寄给了辽阳市委。

为了响应党中央"以粮为纲,大办农业"的伟大号召,我利用今年春节的五天放假期间捡了三百斤粪肥,送给了人民公社。我虽然少看两场电影,少玩一会儿,也感到高兴。特别是当我看到社员们都穿着新衣服,敲锣打鼓扭秧歌,家家户户放鞭炮时,我也同样感到快乐。

我看到公社里的一个医院,就想起了毛主席的"处处关心群众"的教导,我把过春节领到的一斤苹果送给了医院,慰问了有病的群众。有个老太太拿着我给的苹果,泪汪汪地说:"谢谢你,我不会忘记你呀。"我激动地说:"您老人家不要感谢我,这是党和毛主席叫我这样做的,您老要感谢就感谢党吧!"

几年来，每当我为人民做了一点好事的时候，也就是我最幸福最快乐的时候，反之，做不到这点，我觉得心中有愧，对不起党和毛主席。我时时刻刻都这样想：党给我的恩情太深了，我为党做的工作太少了。我每一点微小的进步，都是党培养教育的成果。我还年幼无知，我诚恳地请首长和战友们多指教，多帮助我，使我在革命的大家庭里不断成长，不断进步。我有决心向大家学习，坚决听党和毛主席的话，学习毛主席的著作，照毛主席的指示办事，永远忠于党忠于人民，做一个有益于人民的人。

7343部队15小队战士雷锋

## 精通业务　熟练技术[1]
（1962年2月1日）

……………

（六）技术学习目的明确，态度端正。

1. 刚开始学习技术的时候，有的同志说："只要把技术学好了，就有了铁饭碗……"还有的同志认为，技术学好学赖是个人的事，与别人无关。还有的同志对技术学习不重视。针对这些思想，我们学习了报纸上论"红与专"的文章和毛主席的有关著作。学习之后，大家提高了认识，统一了思想，明确了学习目的。

2. 学习虚心，不懂就问，不装懂，有打破砂锅问到底的精神。表现在：①每当教员讲完课后，有不懂的问题，大家能及时提出，互相争论和讨论，实在弄不明白的，就请教员作解释，直到把问题弄懂为止。②走到哪学到哪。如乔安山和韩玉臣等同志在沈阳执行任务时，主动请兵部的老司机介绍经验，虚心向他们学习。再如：庞春学和雷锋等同志外出坐公共汽车时，也留心地方司机的驾驶动作，学人之长，补己之短。他们为什么这样虚心呢？这是因为学了毛主席的著作后，懂得了"学习的敌人是自己的满足，要认真学习一点东西，必须从不自满开始"。

3. 学习方法灵活。主要有以下三种方法：

---

[1] 本文是雷锋撰写的全班工作总结的一部分。

（1）采取互教互学的方法。比如：我们根据教员所讲过的科目，在出车中结合实际（在不妨碍完成任务的情况下），互设各种故障排除，互问互答，互相纠正驾驶动作。

（2）采取包教保学的方法。如我班周述明同志技术较高，主动包教接受能力差的乔安山同志，有疑难问题反复给他讲解，经常利用休息时间和假日把乔安山带到车上，对照实物给他讲解。由于教者耐心，百问不烦，学者虚心，不懂就问，因此乔安山技术提高很快，由以前考试不及格，到最近考试得五分。

（3）采取了（理论、图表、实物）三结合的方法。比如：教员讲了联合调节器的工作情况和外部线路的连接后，我们记不住，有的地方还弄不清楚。下课后，我们对照图表讨论。大部分同志懂得了，可是还有少数同志不太懂。然后，我们一同到车场打开汽车发动机盖看实物，把联合调节器卸开来仔细观看。经过实物实验，全班同志才真正突破了这个难点。由于采取了以上三种方法，大家的技术普遍提高。所以冬训三次测验，取得了全班满堂红的优秀成绩，被评为军事训练标兵班。

（七）认真贯彻了安全措施，严格遵守了交通规则，做到了四勤、三先、五不超、六不走、九慢。

四勤：①勤检查。②勤保养。③勤督促。④勤清洗。

三先：①会车先慢。②先让。③先停。

五不超：①不超速。②不超载。③不超高。④不超长。⑤不超宽。

六不走：①行车文件不齐不走。②车辆检查不好不走。③油料不足不走。④人员没坐好不走。⑤操纵机械有故障不走。⑥没有上级首长的指示不走。

九慢：①转弯慢。②交叉路口慢。③坡道慢。④人员多的地方慢。⑤复杂气候慢。⑥过铁道慢。⑦道路不熟慢。⑧桥梁渡口慢。⑨错车慢。

（八）建立了出场前后的检查制度、汇报制度。全班共行驶两万六千多公里，没有发生任何事故，圆满完成了首长交给的运输任务。

## 讲 话
JIANGHUA

### 在工兵第十团欢迎新兵大会上的发言[①]
（1960年1月8日）

敬爱的首长和全体老大哥同志们：

你们好！

首长让我代表新战士讲话。我们这些新战士，能在六十年代刚刚开始的日子里，穿上军装，扛起枪杆，真有说不出的高兴。我们当中有工人，有社员，也有学生，来自四面八方，可我们只有一个心眼，学好本领，保卫祖国，当个像样的兵，做毛主席的好战士。（听众鼓掌）

刚才团首长讲话，希望我们争当一个模范战士，依我说，只要我们学好毛主席著作，听党的，听从首长的教导，团结一致，什么"四好战士"，就是"七好""八好"，我们都能做到。（众笑）

你们笑什么呀，我讲的是实话。

---

① 本文是雷锋在沈阳军区工程兵工兵第十团欢迎新兵大会上的发言，当时因露天操场风大，原本拟好的发言稿被风吹乱，这是雷锋即席发言的记录。

## 解放后我有了家　我的母亲就是党[①]
（1960年9月）

### 我决心应召

去年12月3日，当我在焦化厂工地听了李书记的征兵报告后，我的心激动得无法平静下来。夜深了，我翻来覆去睡不着，从床上爬起来，跑到车间办公室，叫醒了李书记，问他我能不能报名参军。李书记说："怎么不能？像你这样身强力壮的小伙子，参加解放军是顶呱呱的哩！"他仔细看我一眼说："哎呀，你怎么没穿棉衣就跑来啦？外面正下雪，不冷吗？"李书记顺手把一件棉衣披在我身上，告诉我天亮就报名，让我先回去休息。我回到宿舍，就坐在桌旁写起入伍申请书和决心书。

第二天，天还没亮，我想到车间报头一名，哪知道青年工人马守华比我去得还早，头一名让他报上了，我只好报了个第二名。

参军，这是我从小就有的愿望。人民解放军不仅是团结友爱的大家庭，而且是培养革命青年的大学校。我的愿望就要实现了，怎么叫我不高兴呢！

当我在入伍登记簿上写上我的名字，并特别注明"我坚决要求参军"时，一段辛酸的往事涌上我的心头。我出生在一个很贫穷

---

[①] 1960年9月，雷锋荣获"节约标兵"称号，雷锋所在部队领导机关为了宣扬他的先进事迹，特请雷锋口述，其他同志代笔整理了这份材料，原题为《雷锋同志模范事迹材料》，现标题为雷锋所改。

的农民家庭，祖辈给地主家当佃户。父亲长年劳动维持不了一家半饱的生活。过年时，哥哥领着我出去"送财神"，讨点米来吃。要是赶上富人家办喜事，也出去讨点剩饭剩菜。我们家住一间破茅屋，外边下大雨，屋里下小雨。冬天，为了挡挡风寒，常用几捆稻草堵在门口，冷得实在不行了，全家人依偎在一起取暖。抗日战争时期，我父亲被日本鬼子打死，我哥哥只好去一家机械厂当童工，手被机器轧断，脑袋撞破，回到家里没钱治疗，活活被折磨死了。接着小弟弟也饿死了。妈妈为了养活我，到地主家做工，也被害死了。剩下孤孤单单七岁的我，给人家放牛、喂猪，上山砍柴……那时我虽年纪小，但对那些要命的野兽般的地主和黑暗的旧社会是多么恨之入骨。那时我真想，要是有亲人来搭救我，我一定要拿起枪，粉碎那些狗豺狼，为爹妈报仇！

　　伟大的党啊！您搭救了我，给我吃的、穿的，送我念书，我戴上了红领巾，加入了共青团，参加了祖国的工农业建设，一天天地成长起来。

　　伟大的党啊！您是我慈祥的母亲，要是没有您，我很难想象自己的一切。今天您需要我，我一定挺身而出，不怕牺牲和一切困难，永远忠于您，忠于人民，继承长辈的革命传统。为建设现代化的强大的国防军，为保卫社会主义建设，保卫世界和平，我要把自己可爱的青春献给祖国最壮丽的事业，做一个真正的共产主义战士。

## 入伍第一天

今年1月8日,是我永远不能忘记的日子,我光荣地参加了中国人民解放军,实现了自己最崇高的愿望。

祖国啊!到处都有我慈祥的母亲——中国共产党对我的亲切关怀和照顾。我到达部队的头一天,因为乘火车时车厢里热,我脱掉了衣服,下车受了凉。深夜睡不着觉,止不住地咳嗽,发烧,有时还发冷。下半夜了,营长来到我们宿舍,有的同志被子没有盖好,他轻轻地给盖好。他发现我还没睡,走到我身边见我咳嗽,就轻声问:"你感冒了么?"我说:"没什么。"当时我想,这点小病还是不告诉首长好,以免麻烦首长。营长连夜查铺两三次,发现我一直没睡,知道我感冒了,就从卫生连叫来一位医生给我诊治,给我吃了药,叫我好好睡觉。亲如爹娘的营长啊,怕我冻着,脱下自己的棉大衣,还送来一床新被子,都盖在我身上。我激动得泪水流湿了枕头,我真想掏出自己的心来献给党,我下定了决心,入伍了,一定要好好地为人民服务。

## 第一堂政治课

1月9日早饭后,我们新兵营的同志集合在一个大礼堂里,政治处主任给我们上了第一堂政治课。他说,你们参加了中国人民解放军,担负着保卫祖国的神圣职责,你们要好好学习政治和现代军事科学技术,要熟练手中武器,时刻提高警惕,随时准备消灭胆敢侵略我国的敌人……吴团长接着给我们介绍了本团的光荣历史,讲了战争年代许许多多英勇顽强、不怕牺牲的英雄事迹。课后放映了电影《董存瑞》。当我看到战斗英雄董存瑞英勇炸碉堡的时候，我感动得流出了热泪，决心向他学习。课后回来，找到一本《解放军画报》翻着看，看到了战斗英雄黄继光的遗像，我把它剪下来贴在自己的日记本上，每天写日记，我要先看看他，想想他。参军第一堂政治课给了我多么大的教育和鼓舞！

### 把知识教给大家

4月上旬，我来到运输连，和三十多名新同志一起开始学习汽车构造、汽车原理和驾驶。学了一个星期以后，有的同志认为进度快，记不住，不好学。和我一个班的佟占佩同志，接受能力差一些，今天学了，明天就忘了。他感到学汽车理论很吃力，第一次测验考了个不及格，有些灰心了。排长（也是汽车教员）对我说："你学得好些，要好好帮助佟占佩同志，下次测验，你们都得五分那有多好！"

我想排长说得对：自己学习成绩再好，将来只能开一台车，要是大家学习都好，那不是能开更多的汽车吗？班长也专门分配我帮助佟占佩。怎么个帮助法呢？课后小组讨论，我总是让他先发言，不懂的地方就提示一下，渐渐有了起色。有一天，我们讨论汽化器的构造和工作情况，他怎么也说不清楚。我就拿着图给他讲解，他还是摇头说记不住。我分小节讲，讲一小节，让他重复一遍，这样一句一句地教，教了两个多小时，他终于弄明白了。我们起早贪晚地在一起学习，他有了明显进步。第二次测验，结果得了五分，大家都为他高兴。

部队掀起了学文化的热潮，我们运输连开了初小班、高小班和初中班。连里缺少文化教员，动员大家"兵教兵"。我想：自己在党的培养教育下，文化程度不高，只学到了一点点文化知识，应该好好为连队建设服务。我自告奋勇当一名兼职小教员。连首长分配我负责高小班。开始碰到很多困难，主要是事情多，忙不过来。每天要学专业技术，我是技术学习小组长；大家还推举我当了连队俱乐部学习委员，每天给大家读报、广播、教歌。现在又要备课、上课、批改作业，就是业余时间一点不休息，加上晚上少睡点也忙不过来。连首长鼓励我做好这些事，免去了我的公差勤务，集中精力把文化课教好。我一想到党对我的培养，工作再忙，困难再多也不在话下。我教高小语文课和算术课，多数同志反映还好，但有个别同志就是不用心听讲。报纸上发表了《毛主席关怀警卫战士学文化》的文章，我给大家读，说明文化学习的重要性。我们班乔安山同志，文化程度比别人低，学习信心也不足，一学数学就头疼，上课不带笔和本，有时还缺课。有一次，我让他做作业，他说钢笔丢了，我把自己的一支笔送给他，还给他订了一本作业本。他很受感动，学习热情渐渐高起来，考试成绩也不错。我按期完成了教学任务，全班总评成绩优秀。

## 照顾一位老太太

6月上旬，我因公外出，在沈阳火车站乘车回抚顺。早晨5点钟，到了上车的时间，我背着背包刚走近天桥，看见一位白发苍苍的老太太背着个大包袱，走几步歇一歇，很吃力。我急忙赶上前去，帮助老人背起包袱，搀扶她上火车。老太太累得满头是汗，喘了半天气，才对我说了一句话："好孩子，大娘忘不了你呀！"上了车，人很挤，我给老人找了个座位，自己就站在老人的身旁。火车开动了，因为我没吃早饭，肚子饿了，我拿出在车站买的两个面包，送给老太太一个。她接过面包，忙说："你这个当兵的，真好，我见到儿子叫他写信给你们首长……"老人说她从山东来，到抚顺去找儿子，但又不知儿子的住处。她掏出一封信叫我看，记得上面写的地址是"抚顺市××信箱第四宿舍"。这个地方我当然不知道，但为了使老人安心，我就说："大娘，你莫急，有地址就好办，下了车我帮你去找。"6点多钟到了抚顺，我把自己的背包存放在车站，背上老人的包袱，领着老人四处打听，走走停停地快9点钟了，终于找到了，这个"××信箱"原来是个保密工厂。老人见到了儿子，高兴得满眼是泪，说："儿呀，要不是这位军人同志帮娘找，今天难以见到你……"临走时，他们母子二人千感谢万感谢的，送出我很远。我本不想汇报这件事，因为这是自己应该做的。谁知，那老人的儿子果真给部队写来一封信，请求领导表扬这位不知名的战士。那天我回连晚了三个小时，想瞒也瞒不住……

## 愉快的星期天

前两个月的一个星期天，我到卫生连去看病回来，走到半路上，看到团部前面那块空地上正在建筑楼房——听说要盖一所小学。我心想，领导经常讲要发扬拥政爱民的光荣传统，反正今天我休息，何不和工人同志一起参加点劳动呢！我鼓起勇气跑到工地找了一辆手推车，帮助工人同志推起砖来，一气推了八九车。工人们开始休息了，我还是一个劲地推。工人们感到很奇怪：从哪里来了这么一位解放军战士帮助推砖？有一位穿蓝制服的同志走到我面前，紧紧握住我的手，问我是哪个部队的，叫什么名字。我本不想告诉他，可身边一个工人同志说："他是我们建筑公司第二工区党总支李书记。"这下把我难住了：不说不好，说吧，你们准又是一通表扬。我只说今天没事，参加点劳动是应该的。可是不行，他们一定要知道我的名字，后来看了我的汽车驾驶执照就知道了。星期天两餐饭，我一气干到快吃晚饭了，回到连队。傍晚，工人们敲锣打鼓地来到我们连，送来一张用大红纸写的感谢信。连里同志这时才知道我带病参加了一天义务劳动。说来也怪，参加点劳动，我的肚子反而不痛了，所以我开玩笑说：参加义务劳动能治病……

## 节约二百元钱

我从小受的苦，是永远不会忘记的。部队首长经常教育我们不要忘记过去，忘记过去就意味着背叛。我们的国家不富裕，还有困难，一定要发扬勤俭节约、艰苦朴素的优良传统。我每花一分钱都很自然地联想起过去的生活，告诫自己不能忘本。今年春节，连队卖苹果，每人可以买两斤，很便宜，同志们都买了，但我没买。这个春节，我只花了两角五分钱理发，别的钱分文未花。同志们说我穿的袜子不像样子，应该换双新的了，但我补了补还照样穿着。……今年7月，我去参加军区工程兵体育运动大会，天气热得很，不少同志都跑到场外去买汽水喝，我也想买一瓶，掏出钱往外走，发现那里有自来水管，我又把钱收起来，上前拧开水龙头喝了个够。我这样做，有的同志说我是小气鬼，太熬苦自己了。我是想，我们不能好了疮疤忘了疼，国家有困难，大家来分忧，就要一点一滴地做，这不是小气不小气的问题。每月发六元津贴费，我只留五角钱零用，余下的都储蓄了。入伍半年多，节约了三十二元，加上我在工厂节余的工资，现在储蓄了二百元钱。

支援人民公社和辽阳灾区，就是用的这笔钱。两个月前的一个星期天，我上街去理发，看到成千上万的人正在热烈庆祝望花区人民公社的成立。我想：一个新成立的人民公社，一定会有很多困难，我是一个人民解放军战士，一定要以实际行动去支援。我想到了这些，就到储蓄所取了二百元钱。我到了望花区公社说明了来意，公社干部只说收下我的心意，但是不收钱。我说这钱是人民给我的，我现在把它还给人民，支援人民公社发展生产，你们一定要收下这笔钱，就像做父母的收下自己儿子的钱一样，是不必客气的。说了半天，公社只收下一百元。不久，报纸上有消息说，辽阳地区遭受了百年不遇的特大洪水灾害。我是从辽阳参军的，对那里的一切怀有很深的情谊。那里受了灾，我不能袖手旁观。想来想去，也没有别的办法，我就把公社没有收的一百元寄给了中共辽阳市委，请他们转交灾区人民。

做这种事——自己应该做的事，本不想叫领导和同志们知道，因为党的恩情我永远也报答不完。谁知事后公社党委和辽阳市委都给部队来信表扬我，使我很不安……

## 防洪抢险

暴雨一连下了几天，抚顺地区的洪水不断上涨。8月3日那天，我们连接到上级命令：到郊外上寺水库去抗洪抢险。当时，我身体不好，连长让我在家执勤。我讲了价钱："在这种时候，不能把我留在家里！"我和全连同志到了水库，连夜开掘溢洪道，团长、政委和我们一起战斗在溢洪道中。雨下得很大，堤坝不断塌方，大家挥舞锹镐越干越欢，什么苦呀，累呀，全不在话下，只想到保住水库就是保住了煤都。一不小心，我手中的锹被塌下的土方打掉了，天黑雨大没找见。我只好用双手当锹挖泥，手指挖破了皮，但当我看到左手腕上的伤疤，又想起了过去的苦，心想今天为了保卫人民生命财产不受损失，手指破点皮算得了什么，我继续干。连长见我用手挖，就让我搞宣传鼓动工作。于是我马上收集连里的好人好事，进行口头广播，带领大家唱歌、喊口号，溢洪道里活跃起来了，大家顶风冒雨越干越欢。一连干了四天，我病倒了，晕倒在堤坝上。同志们把我扶到一个老乡家里，连长让卫生员看着我，不许我再到工地去。我躺在老乡的炕上，越想心里越不是滋味。外面的暴风雨撕裂了我的心，我要上工去，卫生员又不让。我从挎包里拿出日记本，翻开第一页，一眼看见了战斗英雄黄继光的像，他的眼睛盯着我，仿佛在说：雷锋啊，雷锋！在这种时候你能躺在老乡家里休息吗？一种力量鼓舞着我，我用黄继光的英雄事迹说服了卫生员，又跑到水库工地上去了……

伟大的党啊，我慈祥的母亲，我所有的一切都是属于您的。

我要永远做您忠实的儿子，做人民的勤务员。为了党和人民的事业，哪怕高山、大海、巨川，就是头断骨粉，也身红心赤，永远不变。

## 在聘请校外辅导员大会上的发言[①]

（1960年10月10日）

各位校领导、老师们、少年朋友们：

四年前，我刚刚摘下了红领巾，今天，我又系上了红领巾，做你们的校外辅导员，做你们的大朋友，我从心里感到高兴！今后我们要多联系，常来往，共同学习，互相帮助……永远保持红领巾的鲜红颜色，沿着党指引的道路前进，做无产阶级革命事业的接班人……

---

① 本文是雷锋在抚顺市望花区建设街小学聘请校外辅导员大会上发言的一部分。

## 忆苦思甜①

（1960年11月5日）

我叫雷锋，生于1940年12月18日，家住在湖南省湘潭专区望城县，家有五口人，爸爸、妈妈、哥哥、弟弟和我。

我在旧社会遭受的痛苦和广大劳动人民一样是深重的。解放后，党和英明的毛主席拯救了我，给我带来了无比的幸福，我所要讲的也就是我在两个不同的社会里，过着两种不同生活的对比。

黑暗的旧社会是一个吃人的社会，穷人只能给富人当牛当马，过着非人的苦日子。我家祖辈三代都是给地主做长工，维持一家半饱的生活，我爸爸给唐地主做长工时，连一家半饱的生活也维持不住。到了荒年腊月，好久看不到一粒米下锅。我哥哥常常带着我出去要饭，看到富人就央求给点吃的，要是碰上有钱人家做喜事，就讨点剩饭剩菜吃，看到桌上的饭菜也用手扫了起来，装在一个要饭的破布兜里，留着下顿吃，要是离家近一点，就送回家去，给小弟弟吃。

我妈妈怕养活不了我那幼小的弟弟，想把他卖给有钱的人家，我爸爸心如刀割，坚决不让。他泪汪汪地说："我们全家死也要死在一起，决不能把他卖了。"我爸爸被逼得没法，只好把睡的床铺抬出去卖了，在地上砌几块土砖，取下房门板，搭着睡觉。

---

① 本文是雷锋所作的忆苦思甜报告的一部分，根据录音整理。

我们住着一间破草房子，屋顶露着天，后墙倒塌。要是天下雨，外面下大的，屋里就下小的，我妈怕雨淋湿了我的脑袋，拿着一个破脸盆罩在我的头上，又怕冻着我，拿破烂麻袋披在我的背上。冬天冻得没法，只好拿几捆稻草，堵住风雪。冷得实在不行了，全家人紧紧地挤在一起，又拿上几捆稻草盖上。终年辛勤劳动，全家五口有米不够半年吃。

抗日战争时期，日本鬼子侵略我国，残酷地屠杀人民；地主、资本家血腥地统治、压迫和剥削人民，劳苦人民无法生活。我爸爸参加过共产党所领导的抗日斗争，1944年被日本鬼子抓住，惨遭毒打，吐血屙血而死。全家无法生活，我十二岁的哥哥到离家几百里的津市一个机械厂当徒工，经受资本家一年左右的折磨，得了童子痨（肺病）。一天，昏倒在机器旁，轧伤了胳膊……资本家看他再无油水可榨，便把他赶出了工厂。回家之后因无钱医治，死于1946年春。

我和妈弟三人，只好上街讨吃，我那幼小的弟弟受不住那种生活的折磨，活活饿死在母亲怀里。可恨的唐地主，逼迫我妈到他家做女工，我也跟着去了。我妈给他家喂奶带小孩子，给小孩洗屎洗尿，给少奶奶倒马桶，我给他家扫地，抹桌凳。后来……我妈被逼得上天无路，入地无门，在1947年8月中旬的一天晚上自杀。那天晚上，她泪汪汪地对我说："苦命的孩子，妈妈不能和你在一起了，靠天保佑，你要自长成人。"她脱下自己的一件衣服披在我的身上，叫我到六叔祖母家去睡，我走后，她就上吊了，和我永别了!

(哭声……)

我母亲死时我还只有七岁,旧社会使我无法活下去。在那吃人的社会里,三大敌人压得我简直没法活命,那些仇恨我一定不能忘记,我要报仇。

…………

解放后,我看了《白毛女》电影以后,心里非常痛,在吃人的旧社会里像我这样的人很多,都被搞得妻离子散、家破人亡。我一定革命到底,不消灭反动派决不甘心。

旧社会的苦是我们的阶级苦,我时时记住这血泪深仇。我想到全世界人民没有得到解放,我国台湾也还没有解放。想起他们心里就难过,一定要解放台湾,打倒帝国主义,把我的一切献给人民,献给党!

1949年我的家乡解放了,地下党员彭乡长找到了我,我那时真不像样子了,头发长得很长,身上披了一个旧麻袋。他给我洗了澡,给我换衣服,过年还把我接到他家里做好了菜给我吃。我好像做梦一样,心里非常感激彭乡长,就跪在他面前。他说:孩子,不要感谢我,是伟大的党和毛主席救了你,要感谢党和毛主席。后来党又送我到学校念书,老师给我和同学发了新书,看到同学都交了费,我就去找老师说,我还没有交费呢,老师就说这是党送你去读书,并翻出毛主席像说,就是他老人家送你读书的,你永远也不要忘记他老人家。所以我第一次就在笔记本上写了"毛主席万岁"五个大字。我非常感谢党和毛主席,连睡觉做梦都想见到毛主席。后来有一个同志带我到了毛主席家乡去参观,有一个老爷爷给我讲了毛主席的故事。毛主席热爱学习,热爱劳动,处处从人民的利益出发。我非常感动,一定要好好学习,做毛主席的好学生。每天功课每天都做完,星期天也不休息,晚上9点多钟才睡,我想将来很好地为人民服务。所以一年级时我考了第一名,二年级也是第一名。二年级时土改斗地主,我们乡里成立了儿童团,我参加了,后来大家选我当团长。……

只有好好学习,才能将来更好地为人民服务,报答党的恩情。我在三年级时,参加了少先队,我是第一批入队的,大家选我当了队长。我们队的工作搞得很好,评为全县的一个先进少先队,这是队员们的努力。

我于1956年高小毕业,正是党号召大办农业、发展农业生产的时候。老师要我们学生填志愿,很多人都填志愿要入技校、高中,我就在志愿书上写着"党的需要就是我的志愿"。当时这样填的,班上只有两个人,一个是贫农的女儿,愿意回农村养猪。老师让我升学,我向学校写了决心,要求到农村参加农业生产,去建设新农村。农业是国民经济的基础,到农村可帮助农民扫盲,去锻炼和改造自己。农村是广阔的天地。毛主席说有两门知识:实践知识、书本知识。我再三保证,老师才批准我的要求。到农村几个月收获很大,学了犁耙和许多生产知识。

同我去的那个女同学成了养猪模范,上北京见了毛主席。她经常对我进行帮助。在农村是艰苦一些，但是想到建设新农村，我就很乐意干了。1956年11月，我调到望城县委会工作。县委张兴玉书记经常教育我，给我讲革命故事，买书给我看，对我帮助很大。

1957年2月，我入了团。

1958年，望城县委在团山湖创办了农场，我要求到农场去，张书记批准了我的要求。到农场以后，场长对我很好。有一次，我同场长去开会，路上碰上雨，一个同志借了一件雨衣给场长，他要给我穿，我不肯，推来推去，最后两人都有了才算作罢。

我生了一身疖子（疮），场长把我送到医院，场长、书记天天来看我，送东西给我，对我非常关心，我很感动。医生叫我住一个星期医院，我住了三天，就从窗户偷跑回来，到工地参加劳动去了。不久又调回县委工作，县委会要建立拖拉机站，团县委号召捐钱买拖拉机。我那月发薪二十九元，除了九元伙食费，捐了二十元。县委要我学开拖拉机，我又当了望城县第一名拖拉机手，学了五个月，就毕业了。回来时，张书记还给我戴了一朵大红花。

每天白天、黑夜，我就驾着拖拉机耕地，一天工作十多个小时，我也不觉得累，后来粮食丰收了，我非常高兴，原来是荒湖，现在开垦成了良田。

1958年，党发出大炼钢铁的号召。毛主席说，没有工业，就没有国防，没有人民的幸福。要有钢铁，就只有听毛主席的话，自力更生。那时鞍钢到望城县招工，我再三要求，还是不同意，我又找到张书记，才批准我。1958年11月15日离开县委，不久来到鞍钢，看到大机器，我非常高兴。到鞍钢后，人事科长找我谈话，说："你以前当过公务员，你还给领导当公务员，跟着首长一起住洋房，坐小汽车，生活很好。"我不同意，说我不是来享受的，是来工作的。后来，才送我到技校学习，学了两个月回来，当了推土机手，人小机器高，我就垫了一些被子等东西才勉强开得动。

1959年2月，全国各地很多青年到鞍钢学习，党给了我一个任务，要我帮兄弟厂带了个学员，厂里要给我三十六元师傅费，我拒绝了，有一个老师傅说给钱你不要，是"傻子"。我这个人要没有党和毛主席连命都没有，能开推土机，学技术是党和毛主席给我的。

1959年8月，鞍钢扩大焦化厂，在辽阳建厂，条件很艰苦，我要去，副厂长不让我去，在我坚决要求下，才让我去的。那里条件很差，有些同志不安心工作，不愿意挑大筐，不愿意盖房子，有的说怪话。这时我想起自己是共青团员，坚决不动摇。想起最艰苦的地方也是党最需要我的地方，是党考验我的时候，我就向李书记表决心，愿意干一辈子。李书记对我教育说："干革命不但要埋头苦干，还得懂得革命道理。"他买了一本毛主席著作给我。从那时起，我就开始学习毛主席著作。前一段我只知道感谢党的恩情，埋头苦干，自己干好了就行了，从这时起，我开始懂得了一点道理。但开始学习碰到很多困难，有些字不懂，看小说一样。李书记又告诉我，学习毛主席著作要有的放矢，从实际出发，带着问题学习毛主席著作。那时盖房子是冬天，和稀泥是关键，是最艰苦的工作。稀泥供不上，这个困难怎么办？我就带着这个问题学习毛主席著作。毛主席说："艰苦的工作就像担子，摆在我们的面前，看我们敢不敢承担。担子有轻有重。有的人拈轻怕重，把重担子推给人家，自己拣轻的挑，这就不是好的态度。"毛主席的教导使我得到深刻的启发，听毛主席的话，把重担子挑起来，一定选艰苦的工作干。我就争着去和泥。水结了冰，和不动，我就脱掉鞋袜、赤着脚，冷得很厉害，手脚都冻麻木了，但想到为祖国建立化工厂，心里挺暖和的。又有两个青年和我一起干起来，这是我学习毛主席著作第一次收到了效果。后来又搞技术革新。怎么搞？我又学习毛主席著作，主席说："你要有知识，你就得参加变革现实的实践。你要知道梨子的滋味，你就得变革梨子，亲口吃一吃。"我就和同志们一起参加劳动，我又和同志们一起学习毛主席著作。有一天晚上，我正在学《关心群众生活，注意工作方法》，到半夜，突然下起雨来。我跑到调度室，听说还有七千二百袋水泥没盖，被雨打湿就完了，心里很着急，怎么办？我想到了向秀丽，想到了毛主席的教导："无数革命先烈为了人民的利益牺牲了他们的生命，使我们每个活着的人想起他们就心里难过，难道我们还有什么个人利益不能牺牲，还有什么错误不能抛弃吗？"这时我马上叫起二十多个青年，把自己的棉衣、被子拿去盖了。被子被打湿了，但看到国家财产没有受损失，心里很高兴。

党的八届八中全会以后，人民公社成立了，我学习了八届八中全会文件，自己想我为人民公社做了什么。我每天就捡大粪积肥，一个月捡了八百多斤，送到了公社，公社要算钱，我说我没有什么礼物送公社，这些大粪就作为我的礼物吧！

一次，碰到了一个老人在冬天早晨没有穿棉衣，我就脱了自己的棉衣，送给了他。毛主席说关心他人比关心自己为重。老人说不出话来，约我到他家去。他给地主放过二十多年羊，现在是个工人，有个母亲七十岁，爱人五十岁，还有三个孩子。我后来又送了几件衣服给他家，我常到他家，他还要我做干崽，我很爱他家。这是毛主席思想教导我所产生的阶级感情。

厂里开展社教以后，一次，工会副主席对我说："工厂是集体的，你不要那么认真，要注意身体。"那天我睡不着，想不通，他是工会副主席，为什么还这样。又过了几天，他又找我谈："小雷，工厂大鸣大放，叫大家提意见，你要放就放几条，过去旧社会什么东西都有卖的，有鱼肉，现在什么也买不到。"我想在旧社会吃鱼肉的是地主，穷人哪吃得起呢！心里对他有意见，但是不敢对他提意见，他是工会副主席。李书记说大鸣大放要站稳立场，听党听毛主席的话，我看了《中国社会各阶级的分析》一文，我就用阶级分析的方法，对工会副主席进行了分析，看到他不是我们的人，我就将情况向李书记反映了，李书记要我以后注意他的言行。有一次在厕所，他又对一个新工人说过类似的话。我听了很气愤，又马上报告了党委。经过调查才知道，他是一个混进党内的异己分子，当过土匪。后来被开除了党籍，进行劳动改造。这件事对我教育很深。

1959年12月8日，李书记在青年会上作了应征入伍的报告，我听了很激动，一晚也睡不着，半夜跑到了李书记那里，把他叫起去报名，连棉衣也忘记穿，他把自己的棉衣给我穿上说："你先睡觉吧！明天再来。"当晚我又写了一篇稿子"决心应征"，4点就去了，但只报了第二名。我想体检我一定要搞第一名，第二天半夜，我就起来去体检，传达室不让我去，我说是起来解手去。出了大门后，正碰上一个军车，我就坐上了车，到了辽阳兵站，碰上了一位少校首长，一进门他就问："小雷你怎么这么早？"我很奇怪，说你怎么认识我，他拿了一张登了我的报纸给我看，说："你那次搞劳动，就认识了你。"他把我带到办公室谈了一会儿，问："你为什么要入伍？"我说："为了消灭帝国主义，解放台湾同胞，一定要当解放军，保卫祖国，捍卫边疆不被侵犯。"

后来搞体检，量我血压高了，不合格。我说："我休息一会儿，再检查好吗？我昨天晚上没睡觉，今天早晨没有吃早饭。"后来李书记来了，对武装部政委说："他昨晚没睡，很激动。"那位少校也给医生讲了，检查才合格。第二次检查身高，我就伸长脚尖，被医生发现，后来正好及格。检查体重我才四十八公斤，我又向医生说我还没吃早饭哩！吃了饭就会合标准！

1960年1月8日我入伍了。我到了部队，首长把衣服、帽子给我一穿，对镜子一照，特别高兴，不知怎么说才好。一夜没睡，感冒了，营长半夜来查铺看我咳了几声，马上叫医生来给我看病，并把自己的被子给我盖上，使我非常感动。

  首长经常对我说，我们的军队是人民的子弟兵，有明确的政治方向。他鼓励我做毛主席的好战士。懂得革命道理才能当好毛主席的好战士。我也积极学习毛主席的著作，挤时间学，有时晚上学习太晚，头昏，我就洗一洗脸。我想到自己的觉悟低，一定要好好学习，利用开饭前后，有时连到厕所我也不放过学习，部队规定9点钟熄灯，我就买个手电，在被子里学。我学完了《毛泽东选集》一至四卷，其他政治书六十多本。重点学了《反对自由主义》《将革命进行到底》《矛盾论》《实践论》和"老三篇"。学了毛主席著作以后，使我眼亮心宽，懂得了一个人应该怎样活着，树立什么样的人生观，对我帮助很大。在学习中，我曾碰到很多困难，但我没有向困难低头。开展军事训练，投手榴弹，我体力差，投不远，这时又学习了毛主席著作，毛主席说要向困难作斗争。投手榴弹是练战斗本领，为了消灭敌人，不练好本领怎么消灭敌人？因此我经常天没亮就起来练手榴弹，手臂练肿了，但我从未终止，练了一个多月，搞实弹练习时，我合格了。

## 在沈阳师范学院的讲话[①]
（1960年11月5日）

一、父亲的死。

二、哥哥的死。

三、弟弟的死。

四、……我妈被逼得上天无路，入地无门，在1947年农历八月半那天晚上上吊自杀。临死的那晚，她泪汪汪地对我说："苦命的孩子，妈妈不能和你在一起了，靠天保佑，你要自长成人。"她脱下自己的一件衣服披在我的身上，叫我到六叔祖母家去睡，我走后，她就上吊了。

五、剩下了孤孤单单七岁的我……从此，我过着流浪的生活。

六、1949年我的家乡解放。党给我吃的穿的，送我上学念书，乡长彭德茂买给我新棉衣、棉裤，过新年请我吃饭。他还把从地主家分得的一件小呢子外套送给我穿，把他儿子一双新棉鞋穿在我的脚上，上学给我笔和纸。学校谭礼老师待我很好，买给我石板、石笔、书包、雨具，放假和过节带我到他家去玩，上课时他把着我的手教写字。

七、1956年小学毕业，11月调到望城县委员会工作。1957年2月光荣入团。调县委后，冬天张书记买给我一件皮大衣、手套。有

---

① 本文是雷锋在沈阳师范学院讲话的提纲。

一次，我和他下乡到望岳乡，我生了病，张书记给我打洗脸水，给我做面条，安慰我。我非常激动，县委书记对我这样好，像父亲一样。我能够在县委机关工作，真是做梦也想不到。党委无微不至地关怀我，还送我到干部文化学校学习。张书记还买给我一本《怎样做一个有共产主义道德的人》的书。首长对我这样关怀，我下定了决心好好工作。我做了一点点工作，党和人民给了我很大的荣誉，还被评为先进工作者和优秀的共青团员。

1957年9月，和赵书记参加建设新农场。一个下雨的晚上，我和赵书记从工地开会回指挥部，赵书记把雨衣披在我身上。我走到一个桥上，一下没小心掉到了八曲河里（河有三丈多宽，水深八九尺，河岸高一丈）。我掉到河里后，赵书记立即跳到河里，把我救了上来。我的右腿摔伤，赵书记背我回到指挥部，第二天把我送到县医院。他在百忙中还抽出时间来看我，送给我苹果、橘子，我住了一星期就好了。

有一天晚上，我送通知到工地，回指挥部时天突然下雨。我走到一个新修的水闸上，看见了很多的水泥，于是我想到了不要让国家的财产受到损失，便连忙脱下自己的棉大衣盖在水泥上，并急忙跑回指挥部找到雨布，和民工一起去盖好了。农场建完后，我被评为劳动模范。

1958年1月，团县委发出要建立青少年拖拉机站的号召后，我内心有一种说不出的高兴。那月我领了二十九元薪金，就捐献建立拖拉机站二十元，留下了九元做伙食费。1958年2月，团县委调我学开拖拉机，我当了全县第一个拖拉机手。因工作需要，在7月又把我调回机关，同年11月把我送到鞍钢参加工业建设。15日我就到达了钢都，后开推土机（还带三个学员），被评为红旗手一次。

1959年8月，调到辽阳化工厂工作，在生产和工作中十八次被评为标兵，五次评为红旗手，三次评为先进生产者。

有一天夜里，天下雨，我看到工地上有七千二百多袋水泥，于是我拿出自己的被子去盖上水泥，还组织了一支青年突击队进行抢救，免遭严重损失。技术革新我搞了杠杆挖泥、滑车、双轮车，被评为革新标兵。在红专学校当教师，带了三个学开推土机的学员，车间给我三十六元师傅费我都没要。晚上下班不回宿舍，参加炼钢，还捡废钢二十多斤。

我还自己做宣传鼓动工作，表扬先进人物，开展叫号赛、对手赛，老工人鲍师傅和我对手赛一天没休息，忘记了吃饭，提高工效一倍，一人顶二人。

## 在沈阳军区工程兵政治工作会议上的发言

（1960 年 11 月 8 日）

…………

今天我生长在幸福的毛泽东时代，处处感到温暖，祖国到处都有我慈祥的母亲——伟大的中国共产党对我无微不至的关怀和教育。我这一点点贡献比起党对我的要求和期望还做得很不够，我决心听党的话，听首长的话，好好学习，忘我地工作，积极参加劳动，奋发图强，勤俭节约，建设社会主义。

熟练手中武器，学好现代化的军事技术，时刻准备着。当党需要我，我一定挺身而出，不怕牺牲和一切困难，永远忠于党，忠于人民，继承前辈优良的革命传统。为保卫社会主义建设，为保卫世界和平，我要把自己可爱的青春献给祖国最壮丽的事业，做一个真正的共产主义革命战士。

## 和战友谈改正错误[①]

（1960年11月26日）

领导和同志们帮助你，是对你的关心和爱护呀，你应该很好地承认错误。你想，我们来到部队是干什么的呢？咱们过去都是穷人家出身，吃不饱、穿不暖，解放以后，在党和毛主席的领导下，才过上了幸福生活，再不用为吃穿犯愁了。我们今天来当兵，就是要保卫幸福的生活，保卫祖国的社会主义建设。我们应该好好地为人民服务，要是不听党的话，犯了错误，这能对得起谁呢？再说，我们入伍的时候，父母亲又是怎样嘱咐的呢？他们是叫我们在部队里，加强锻炼，使自己成为一个有政治觉悟的人，叫我们学习一些本领，难道我们能够忘记这些话吗？……

人不怕有错误，就怕犯了错误不改。能够坚决改正错误，那就是好同志，同志们是不会看不起你的。

---

① 本文节选自雷锋的战友范世绅写的关于雷锋关心帮助他认识并改正错误的谈话稿，刊载于1960年11月26日的《前进报》，标题为编者所加。

## 在全团授奖大会上的发言[①]

（1960年11月27日）

敬爱的首长、亲爱的全体战友：

今天我感到非常荣幸，同时又感到十分惭愧。荣幸的是：我有了慈祥的母亲——伟大的中国共产党和英明的毛主席对我不断地培养教育，使我从一个穷孩子成长为一个有一定知识和觉悟的光荣的共产党员，成了国家的主人，有了我说话的权利；惭愧的是：我为党为人民尽了一点点本身应尽的义务，党和人民却给了我这么大的荣誉。党给我的恩情太大了，我永远也报答不完。

我在党的教育下，特别是经过认真学习毛主席著作，才使我的思想和眼界变得更加开朗和远大，使我的干劲越来越高涨。我所取得的这一点点成绩，应归功于不断培养教育我成长的党和英明的毛主席，应归功于热情帮助我进步的同志们。我这么一点点贡献，比起党对我的要求和期望是很不够的。我决心鼓足更大的干劲，高举毛泽东思想红旗，做出更大的成绩。

我的保证是：

1. 听党的话，听毛主席的话，努力学习毛主席著作，做毛主席的好战士。

2. 继续努力，不怕困难，学习好政治、军事、文化、技术，

---

[①] 在此次授奖大会上，雷锋被中共沈阳军区工程兵委员会授予雷锋"模范共青团员"的称号。

保证成绩优秀。

3. 工作上处处带头，保证搞好团结，帮助好同志，做到见先进就学，见困难就上，见方便就让。

4. 严格遵守部队一切纪律，服从命令听指挥。

5. 发扬艰苦朴素、勤俭节约的优良传统，不乱花一分钱，不乱买一寸布，不掉一粒粮，做到省吃俭用，点滴积累，支援国家建设。

我要永远忠于党，忠于人民，时刻准备着，为党和阶级的最高利益牺牲自己的一切，直至生命。

## 对同学们的希望[①]

### （1960年11月）

一、希望你们树立以下四个志气：

1. 立下发愤图强，建设社会主义强国的志气。

2. 立下全心全意为人民服务，把一生献给共产主义事业的志气。

3. 立下艰苦奋斗、勤俭建国的志气。

4. 立下刻苦学习，攻克现代科学文化堡垒的志气。

二、做一个有礼貌又文明的好同学。

1. 认真听老师讲课。

2. 积极参加各项活动。

3. 保证完成作业。

4. 学好样，做好事。

5. 搞好团结，尊师爱校。

**附录：**

……你们生活在毛泽东时代是多么幸福啊！你们要好好学习，天天向上，这样才对得起党和毛主席啊！

我在县委做公务员的时候，张书记和我说过，"人有三件光荣

---

① 本文是雷锋应邀到驻地学校去作报告时所写的发言提纲。

的事,入队、入团、入党",并一再鼓励我争取入党。现在,我把这话转告给你们。

组织和集体给的任务,是最重要的。

学习,学什么课程都一样,要用心,要钻进去,要像钉子一样。

你们学知识,就像我们开汽车,也要常练习。不练习,手就生了。

不懂,就应该问。不问,什么时候也不会。

今天学一页,明天学一页,积少成多。学习,不抓紧时间还行吗?

不要为一点小事就吵嘴呀,你们长大了,还要一起建设祖国哩!要是不讲团结友爱,将来怎么能齐心合力做好工作呢?

积少可以成多,滴水可以成河。别看都是些破烂,搜集起来,对国家建设都有用处。

国家培育一棵树多不容易,要爱护国家财产。

锻炼身体要经常坚持。天天练,身体就会逐渐强起来。

——抚顺市建设街小学和本溪路小学少先队员们追记雷锋对他们讲过的话

## 一辈子学习毛主席著作[1]
### （1960年）

……我想，学习毛主席著作，是为了改造思想，不断地提高共产主义觉悟。我学习了《纪念白求恩》那篇著作，给我的印象最深刻，到现在我一共学习了二十多遍，看一遍有一遍的体会，有一遍的心得。毛主席热情地赞扬了白求恩同志专门利人、毫不利己的精神，我就按照毛主席这些话来鞭策自己、来检测自己。毛主席说，我们要学习白求恩同志那种毫无自私自利之心的精神，从这一点出发，就可以变为大有利于人民的人。无论什么工作，只要是党的需要，革命的需要，只要是对人民有利，我就要做好。

比如，有一个星期天，大家有的上街去了，有的遛公园去了。那一天我的肚子痛，我到卫生连看病的时候，医生不在家。我刚走出卫生连，就听见工地上广播站广播："工人们，加油啊，现在运砖的赶不上需要了。"当时我一听到运砖的赶不上需要，所以我跑到那里一看，工人们都在干劲冲天地干着呢。因此，我想到，这是革命的需要，我也想到应该按毛主席的指示办事。我就跑到工地和他们一起推砖。我找了一辆手推车推，工人们都是两个人推一辆车，而我呢，就一个人，我想，自己个子小，恐怕推不动。但这个时候，我又想到一个人要顶两个人干。我没管他三七二十一，就拿

---

[1] 本文根据雷锋的报告录音整理，录音只有报告中间的内容，标题为编者所加。

辆车子，在那儿推一车就推六十几块。推了好长时间以后，工地广播站的广播员同志就跑来了，说："解放军同志，你叫什么名字呀，你是哪个部队的？"当时我就笑了，我说："我呀，不告诉你。"我想到，这是我应该做的事情，要是告诉她，到广播里去广播，多不好意思。我不告诉她，她就走了。后来，又来了三个工人同志，其中一个同志跑过来跟我握手，他说："解放军同志，你是哪个部队的，叫什么名字？"我也没告诉他。我想到为社会主义建设增添一砖一瓦，这是应该的。后来有一个同志在旁边对我介绍说，这个同志是我们建筑公司的党支部李书记。当时我听说和我握手的是李书记，很不好意思，告诉他不好，不告诉也不好，我想到这是应尽的义务，还是不告诉他好，我就没告诉他。后来李书记就把我的衣兜解开了，掏出我的汽车驾驶执照，看了我的名字，知道我是哪个部队的，他马上就让广播员广播了。广播以后，又用一张大红纸写了感谢信，工人们敲锣打鼓地给我送来了，党支部书记给我念，当时我感到非常惭愧，但是我也感到很高兴。那时候，我肚子也不痛了，早上没吃饭也不知道饿了，我只感觉到感激不尽。一直到3点钟的时候，我才回去吃饭。工人们收工以后，又用大红纸以党组织的名义给我们部队首长写了一封信，敲锣打鼓地送给我们连队的指导员。

　　今年过中秋节，部队发给我们苹果和月饼。当时，我舍不得吃，引起我深深的回忆。我想到，旧社会，吃不到饭，哪里还敢想苹果呢！我也想到我母亲的死，我看了苹果又看月饼，舍不得吃，我把它用纸包起来。这时，我又想起了上甘岭战斗当中，一个苹果，首长也不吃，谁都不吃，留着送给伤病员去吃。我想到，应该用苹果和月饼去慰问伤病员。我马上又写了一封慰问信，我一面写信的时候就一面掉眼泪，写好后我把苹果和月饼加上那封信一起送到了抚顺市西部职工医院慰问了伤病员。

比如，我在过去的一年当中，我想到，一定要在新的一年当中，多做更好更多的成绩。因此，我连过年所放的假都没有休息，我去捡大粪，初一初二那两天我一共捡大粪三百来斤。我想到这也是响应党的号召，大积肥，也搞了卫生运动，也能够促进农业生产。

我学习毛主席的每一篇著作，都要联系实际。我学了《关心群众生活，注意工作方法》这篇文章以后，就决心按毛主席的教导去做。比如，有一天晚上，那是冬天，我们大家都睡在一个简陋的营房里面，天特别冷，又刮着北风，下着雪，炉子烧得很旺。在半夜的时候，我起来解手，看见炉子座板把地板都烧坏了，当时，满屋都是煤气。我想，同志们都睡得很甜，现在煤气这么多，万一要是中了毒对大家都是损失，会影响大家的身体健康，我马上到外面去打来水，把炉子浇灭了，又把地板上的火浇灭了。我还把窗户、门都打开了，不一会儿屋里就变得非常冷啦，冷清清的。我又想，如果这样冷的话，把大家身体冻坏了也不好办，就到外边找来小木头柴，又把炉子重新生着了，一直把屋里弄得暖呼呼的，我才睡觉。

我学习了《反对自由主义》这篇文章以后，就时时刻刻用毛主席所教导的话来检查自己。比如，我们班以前不团结，有意见开会不提，背后乱议论。我学习了《反对自由主义》以后，看到哪位同志有缺点，就在每次开会的时候大胆提出，还把毛主席《反对自由主义》的著作给大家念。我们班有一个战士叫×××，有一天我们去生产，班长不在，他就说班长对他看法不好，乱议论班长。当时我就讲："你这样犯自由主义不行啊！前天我们学过了《反对自由主义》，今天你又犯自由主义。"他怎么说呢："学归学，我说我的。"我说："那还行啊，学了不用那顶啥事呀。"后来，在开会的时候，我向他提出了批评。我们全班同志经过认真地学习《反对自由主义》，大家都开展了批评与自我批评，这样一来由原来的不团结达到了新的团结。

有一次，上山去打猪草，我们早晨吃了早饭去的，走了十多里地到山上，每个人带一盒饭去吃，中午就不回来吃午饭。到12点钟吃饭的时候，我看大家都在吃饭，有一个叫王延堂的同志，一个人坐着看大家吃饭，我就问他："小王同志，你的饭呢？"他说："我的饭早上就吃到肚里去了，早晨我就吃了两顿饭。"这时，我想到毛主席的教导：关心别人要比关心自己为重。我也想到王延堂同志如果今天中午不吃饭的话，会影响他的情绪，他干活一定不会起劲。我想到这些，就把自己的饭送给他吃。他再三推辞说："我吃了你怎么办呀？"我说："我不饿呀。"经过再三推辞，我说我肚子痛，我要解个手，放下饭就跑了。我看到他吃了饭，吃得饱饱的，干活非常起劲，我感到非常地愉快。

有一次，在防洪抢险当中，有一天晚上下着大雨，任务很艰巨，我在这个时候，想起了党的教导，在最艰苦的时候应当做好党的宣传鼓动工作，因此，我带头喊口号，唱歌子，大家干劲都很足。发现了好人好事就到广播里去表扬。我走到堤坝上的时候，看见一位战友没穿雨衣，当时我又想起毛主席的教导，关心别人比关心自己为重，我把自己的雨衣脱下来穿在那个战友的身上。当天晚上，我一身都淋湿了，一直颤抖了一个晚上。到了第三天我又得了急病，一天没有吃饭，连长让我在家休息，我怎么也不肯休息，坚决要求去参加防洪抢险。后来，连长叫卫生员看着我，坚决不让我去，卫生员把我送到宿舍里。我到宿舍以后，翻开自己的日记本，看到了英雄黄继光的照片。因为我在入伍的时候，在《解放军画报》上发现了黄继光的照片，我就把它剪下来贴在自己的日记本上，我就把他当作自己的学习榜样，我一看到他，满身充满力量。我想，黄继光同志为了人民、为了党的事业牺牲了自己，现在是防洪抢险紧要关头，洪水一来，会直接威胁到人民生命财产，造成损失，如果在这样艰苦的环境下牺牲了自己也是光荣的，我坚决要去，我想决不能因为这点小病下火线，一定要坚持下去。卫生员坚决不让我去，但我坚决要去，就跑到了工地上和大家一起又参加防洪抢险战斗。

今天，党发出了伟大的增产节约号召以后，我牢记毛主席的教导，要把我国建设成为一个工业强国，必须经过几十年的艰苦奋斗，其中包括厉行节约、反对浪费。我想到，为了改变我国一穷二白的面貌，就必须发愤图强，增产节约，积极响应党的号召。因此，我处处注意节约，时时注意节约。比如今年春节的时候，部队发给我苹果票和糖票，我跑到服务社的时候，又舍不得买，这时我想到了过去……我想到现在到部队以后，过年的时候，首长还和我们一起会餐。我想这个苹果和糖不吃是可以的，是可以节约的，我就没有买。我把这些苹果票、糖票送给了其他战友。过这个春节，我只花了两角五分钱理了个发。到部队以后，我没有买过牙刷、牙膏、香皂和手巾，我在入伍的时候，工厂送给我一套牙具，送给我一块香皂。比如说我那把牙刷吧，使用了七八个月，毛都掉了一半了，我还舍不得丢掉。有一天，我班一个战友买回一个新牙刷，他把那个旧的丢到地上，我看到那个旧的比我的还好，就从地上捡了起来，经过消毒，我就自己使用。当时那位说我是个小气鬼，他说："你连买牙刷的钱都没有了？"我对他讲："这个牙刷很好哇，还可以继续使用，为了节约嘛！"同时我还到处捡牙膏皮子，因为牙膏皮子里面还有剩下的牙膏，把它挤出来装在一个瓶子里自己使用，我都没有买过牙膏。我一共捡了八十多个牙膏皮子，卖了两块多钱，我把这些钱交给了指导员。有一次，我在积肥时，看见一双破皮鞋，我也把它捡起来。有的同志说，雷锋真是个小气鬼，人家说得真不错啊！破皮鞋埋里埋汰的，你要它干啥？我想这皮子是国家的工业原料，积起来，可以支援国家的工业建设。我又想到我们节约必须从小处着手，从大处着想。有一句俗话："滴水成河，粒米成箩。"我把破皮鞋捡起来以后，洗干净，又卖了一元多钱，把钱又交给了指导员。

比如，我今年7月份的时候，参加了军区体操运动员比赛大会。天气比较炎热，有的运动员同志就出去买汽水喝，当时我口也很渴，也想去买一瓶，我掏出了三角五分钱，但又舍不得这三角五分钱。我想到一分钱、一角钱来之都是不容易的，这三角五分钱可以买一个笔记本子学习文化，我就没有买。比如，我有一次从抚顺到营口出差，本来在路上可以吃一顿饭，因为连队给了一块五角钱旅差费和一斤粮票。但我看到火车上吃饭很贵，七八角一顿，舍不得吃，我想到旧社会好几天还吃不到饭，现在饿一顿没关系，我就没吃，把这粮票和钱交还了司务长。有一次大扫除，我在垃圾堆里捡到一双破袜子，我看到破袜子补好以后还可以穿，免得拿钱买新的，我捡回来洗干净以后，补了七八个补丁，一直穿到不能再穿，不能再补，我又把它洗干净当了一块擦车布。部队发给我的衣服、袜子、手巾我都存下来，一直到今年遭灾的时候，我把它们捐献了支援灾区。我说我穿不了这些东西，用不了这些东西，可以节约下来。我平时不乱花一分钱，就是连一块香皂都舍不得买，我那块香皂还是入伍的时候工厂送给我的，只有过年过节到哪里学习、开会，我才带上那块香皂使用，其他时间我就使用肥皂。我的手巾坏了这么大一个窟窿还继续使用。部队每个月发给我的六块钱津贴费，我除理发以外，大部分买些毛主席著作，买一些关于党的历史和有关党的政治书籍，还有就是青年修养一类的书籍。除了买书以外，其他钱我就存起来。我从工厂到部队总共两年以来，省吃俭用共节约了二百块钱，一直到今年春天，捐献给抚顺市望花区……

## 从一个孤儿成长为一名解放军战士[①]
（1960年）

敬爱的首长、亲爱的同志们：

像我这样一个在旧社会受尽阶级压迫和民族奴役的孤儿，解放后在党的领导下，居然成长为一个解放军战士，光荣的共产党员，得到党和首长的信任，受到战友们的热爱，我真感到生长在毛泽东时代是无比的幸福和温暖。现在我将自己生长的两个不同的社会，我所过着两种不同的生活的情况，向首长和同志们汇报一下：

我是7343部队运输连的战士，1960年1月8日入伍，入伍前在辽阳弓长岭化工厂当工人。原籍是在伟大英明领袖毛主席的故乡——湖南省湘潭地区望城县。1958年，党中央发出了大炼钢铁的伟大号召以后，我响应了党的号召，离开故乡，到达了祖国的钢都鞍山。由于党的培养教育，老师傅们的指教和同志们的热情帮助，我学会了新的技术，开上了推土机。那时候，全国人民正在轰轰烈烈地大炼钢铁，我想到，毛主席说的，我国要有钢，要有粮，有了这两样东西，什么都好办。为了响应党的号召，我应该贡献自己的一切力量。我在鞍钢开推土机的时候，我就刻苦地学习，用了三个来月，我就学会了开推土机。我除了开推土机以外，我们每天是八个小时工作，在那时候，我想为了加快社会主义建设，为了大

---
① 本文根据雷锋的报告录音整理，标题为编者所加。

炼钢铁，响应党的号召，为钢而战，下班以后哇，我也不回宿舍，去参加炼钢。有时候，炼到半夜了，我还不想睡觉，越干越有劲。那时候，我厂党委书记曾对我说：小雷呀，我们干工作，不但是要埋头苦干，我们还要干好更多的工作，那就是要懂得革命的道理，要学习革命的理论，要听党的话，读毛主席的书。党委书记对我的这些教育，深深地印在我的脑海里面。从那时候起，我就认真地学习毛主席的著作，在毛主席著作当中我找到了方向，使我的心变得更加地明亮。那时候，我们车间主任对我讲，现在来了很多学员，给你一个艰巨的任务，就是叫你呀带三个学员。当时我感到很惭愧的呀，因为我学的技术也不怎么熟练，我恐怕教不好。但是我想起了毛主席的教导，要做好群众的先生，就必须先做好群众的学生。我想到自己是在党的培养教育下学到一点技术，我要帮助其他同志做工人阶级。我一想到党，想到毛主席，想到祖国的工业建设，就鼓舞了我，使我增添了无穷的力量。我就带领三名学员同志一起互相研究，互相学习，我不懂的，就请教其他的老师傅，再告诉他们。由于师傅们帮助，以及学员同志的努力，在五个月的时间里，那三名学员同志就学会了开推土机，当时我也感到非常高兴。他们毕业以后，我们厂里给了我三十六元师傅钱。每个学员十二块钱，三个学员就是三十六块钱，其他的师傅都收下了。但是我呢，我就没有收。有一个师傅对我讲，他说："小雷锋啊，真是个大草包啊，三十六块钱买什么东西不好啊，还不要！"当时我想到，我学习技术是党培养教育的，如果没有党，我不但是学不了技术，恐怕我连自己的生命都很难保。我把自己取得的一定的知识告诉其他同志，这是应该做的。

1959年9月份，鞍钢公司在我们弓长岭扩建一个化工厂。当时，我们向厂党委要求参加扩厂建设，我们那个厂长他就对我讲，他说："小雷呀，到那里去呀，比这艰苦呀，那是一个山沟子，要白手起家，自办工厂。我考虑你恐怕有困难。"当时，我写申请书，写决心书，坚持要求参加扩厂建设，到最艰苦的地方去锻炼自己和改造自己。我再三地要求，最后，厂党委批准了我，去了辽阳弓长岭参加扩厂建设。我到了弓长岭的时候，的确很艰苦。我们从鞍钢一共去了五十名老工人，还有很多新同志。到那里的时候，我们住的就是老百姓的房子，有的住工棚子里，一个屋子里住三四十个人。我们的工作就是每天和泥呀，砌墙呀，运砖呀，打地基呀，抬大筐呀，干这些活。在这种情况下，有少数同志不安心，有的就讲怪话，说弓长岭这个地方有十条不如鞍山，吃不如鞍山，住不如鞍山，工作条件不如鞍山……现在我记不起来了。有的说，我在鞍钢是个技术人员，把电钮一按，那机器就转了，到这里后叫我抬大筐，叫我盖房子，干不了，有的就开溜跑回去了。

在这样一个艰苦的环境下，我想到党的教导，我想到自己是一个共青团员，应该发挥一个共青团员应有的作用。在这个时候，我就想到厂长同志对我的教导，他说在艰苦的环境下，学习毛主席著作，在毛主席著作当中找方向，找解决问题的方法。毛主席著作中的话深深地教育了我，使我增添了无穷的力量。比如，我们盖房子的时候，就有很多困难，特别是东北的天气比南方冷，下了雪，水还结冰，和泥是最困难的，我每天早上就提早一个小时上班，参加和泥。去和泥的时候啊，我想到为了提高我们和泥的质量，为了和得快，我就脱下了鞋，跳到泥巴中间去和泥。我的脚被冻得像针扎一样难受，但是我想到这是为了社会主义建设，我的心还是暖呼呼的。又有两名共青团员同志看到我这样，也跳了进来。我就和他们两个团结在一起，分工合作，我们提高了工效。以前，是六个人和泥还供不上十个瓦匠的需要，现在呀我们就三个人和泥，不但供上了十个瓦匠的用泥，而且还有多余时间，帮助瓦匠运砖。

　　有一天，我回鞍山开会，在路上看到了一个放羊的老大爷，那个老大爷穿着一身很薄的棉衣。当时，我想到这个老大爷年纪很大了，这么冷的天一定抗不住冻，像我这样一个年轻小伙子不要紧，我就把身上的一件棉上衣脱下来送给了那个老大爷。那个老大爷当时就流下了眼泪，他握着我的手对我说："我死也忘不了你。"随后，我又问他一些情况，他家里过去也很穷，他过去给地主放了二十多年羊，在旧社会没吃没穿，连个老婆都没找上。解放以后，党把他拯救出来，使他过上幸福的生活。他们家里有七口人，老的老，小的小，都需要公家的照顾。他给我讲旧社会给人家当牛当马，没吃没穿，现在党和毛主席把我们救出来了，大家都在轰轰烈烈地建设社会主义，我如果不给社会主义建设出点力，怎么对得起党和毛主席哪。这位老大爷的话深深地教育了我，我想到这个老大爷的心哪，和我的心是一样的。于是我就把我的情况也向他介绍了，那个老大爷讲，这真是我们穷人心连心哪。后来，我有时间就去他家看望这位老大爷，把他当作自己的父亲一样，给他打柴呀，挑水呀，给他做些零活。

我们在建设厂房当中，我看到了工地上到处有大粪，我想到，这些大粪是肥料，再说到处是大粪也不卫生，要是把它拾起来，既积了肥，又搞了卫生，这是一举两得。因此，我每天起早半个小时上班，拿大筐捡大粪，中午吃完午饭以后，大家都休息，我就跑去捡大粪。下班大家都走了，我总要捡一筐大粪才回去。一个多月以后，我就捡了八百多斤大粪。一个星期天，我到了附近的安平人民公社，我说我捡了八百多斤大粪，准备送给他们。当时那个副主任给我讲，他说你要多少钱哪，我说一个钱也不要，我这是利用业余时间捡的。人民公社建立，我没有什么礼物送，就送大粪作礼物。当天吃过午饭以后我就把那大粪都掏出来了，利用这么大的大筐装了二十一筐，后来我又找了两名共青团员同志帮忙，把这些大粪亲自送到了公社的大门口。

有几天晚上，我学习毛主席著作，已经到半夜了。我那个王师傅在矿上开会回来了，他对我讲，小雷你怎么还没睡觉哇，已经12点了。我就对他讲，为了学习毛主席著作，我不想睡觉哇。当时王师傅还讲，气象台预报今天晚上有大雨。当时，我想到我们工地上有很多材料，要是下雨的话，把这些材料打湿了不好办，我就跑到了调度室，把这一消息告诉了调度员。调度员他才想起了，他说，哎呀，前天刚好运来了七千二百袋水泥，现在还散放在工地上，没有东西盖呢。现在工人都睡觉了，他急得没法。我就马上往外跑，我一直去找工会主席，找车间领导。当我跑到工地以后，雨越来越大了，现在眼看国家的财产就要受到损失了，怎么样来抢救呢？因此，我就把自己一件棉大衣脱下来盖到水泥上，我想到抢救一袋是一袋。在当时，又找不到东西盖，我急得没法，就赶快往回跑，跑到宿舍以后，我把自己的被子、褥子，一齐拿来盖在水泥上了。当时我一面跑一面叫，叫来了二十多个工人同志，组织了一个抢救水泥突击队。我们找来了一块大雨布，盖的盖，抬的抬，很快地就把那水泥盖好了。七千二百袋水泥没有受到损失。第二天，我们工厂党委书记天还没亮，就到办公室里来，当时我在办公室看毛主席著作。他问了昨晚盖水泥的情况，他又到工地上去看了一下，后来，李书记请来了几个人，把我的棉被子、褥子给我洗干净了以后，又送到了我的宿舍。我们工厂为这件事还编了快板，编了剧。

　　1959年12月3日那一天，全厂召开了一个职工大会，李书记在会上向我们作了关于1959年征兵的报告。我听了这个报告感到非常地高兴，当天晚上我怎么也睡不着觉。半夜的时候，我从床上起来，跑到车间办公室，拉住李书记，和他讲，李书记呀，我能不能入伍呀？当时他就跟我讲，像你这样身强力壮的年轻小伙子，当人民解放军当然可以了。我听他这么一讲，非常高兴。这时李书记"哎呀"了一声说，小雷呀！下这么大雪，你不冷吗，怎么不穿棉衣？当时我一看，自己只穿了一套单衣，这时我才觉得有点冷。那个李书记就把自己的棉大衣披在我身上。我回到宿舍以后，还是不想睡觉，我在桌子旁写了入伍申请书和决心书。到第三天，我们就开始检查身体。在检查的时候，我很早就跑到了体检站。原来我们厂里跟我讲，明天准备派车把你们送去。我怎么也等不得了，半夜爬起来就往那个体检站走。走到半路上的时候，看到一台军车，当时我就把手一招，那军车就站下了，我就和他们讲，解放军同志，你这车到哪里去呀，他说我到辽阳去，我说我快要入伍、快要当兵了，准备到辽阳去检查身体，想搭你这个车去，好不好哇？当时那个解放军同志非常好，他说那行啊，将来我们都是革命的战友了。这样我就乘车到了辽阳体检站。当时站里的人刚吃完早饭。后来，那个余政委看到我去了，叫住我说，小雷呀，来得这么早哇。当时我很奇怪，这个首长怎么认识我呢？后来我问他，首长怎么认识我呢？他讲你在入伍前，不是写了一篇稿吗？在报上已经登出来了，我看到了，就上你们工厂去了，还见到你在盖房子，我让厂党委书记介绍了你的情况，就这样认识了你。后来他带我去检查身体，检查血压的时候，那个医生对我说，小鬼呀，你的血压怎么这么高啊，不行啦。当时我的心像压了一块石头一样，我很怕不能合格。后来我就跟他们讲，我等一会儿再检查好吗。医生们同意了。第二次检查，血压还是很高。第三次时，余政委来了，和那个医生讲，这个小鬼，他昨天晚上没有睡好觉呢，可能和今天早上还没吃早饭有关系。当时我听到这么一说，心里非常高兴，感谢这位首长对我的关怀。第三次检查的时候，血压就下来了。接着检查身高，我怕不够高，趁医生不注意，我就把脚跷了起来。再就是查体重，我往秤上一站，只有九十六斤，当时我就对医生讲，我说，我还没吃早饭呢。他说你怎么不吃早饭呢，我说我太高兴了，吃不下呀。那个医生笑了。一直到1960年1月8日，我们工厂敲锣打鼓把我们送到了辽阳市兵役局。到了那儿还要检查身体，以后大家都穿上了黄军装，我看到报名处就没有我的名，听人说我不够格。看到他们都穿上了军装，我非常着急，跑到兵役局找到余政委。他讲，小雷呀，最主要考虑你个子小啊，再一个讲，你还差两斤呢。当时，满肚子委屈涌上了我的心头，但我坚决要求当兵不可，以为我父母亲报仇，为阶级兄弟报仇。后来，终于被批准当了兵。

我刚刚走进部队，就觉得有说不出的温暖。头一天晚上，因为我在火车上受了凉，有点咳嗽，夜间睡不着觉，看到营长轻轻地走到我们的房间，给同志们盖被子。营长看我还没睡着，就小声问我："小雷，怎么呀？是不是受了凉？"我想首长工作又忙又累，夜间还来看我们，自己有点小病，还是不告诉他好，以免麻烦。深夜一两点钟，营长又走到我身旁，把自己的被子和大衣给我轻轻地盖上，还请医生给我看病。我激动得泪水流湿了枕头。从这一天，我更加热爱我们的军队了。我暗暗地下了决心，一定要做一个好战士，感谢首长的关怀。

我刚到部队，还没有养成革命军人那种高度的组织性和纪律性。例如在一个星期日，我去街上照相，既没有请假也没有告诉别人。回来后指导员找我谈话，他亲切地拉着我的手说："军队有严格的纪律，无论做什么都要事先请示报告，如果军队没有严格的组织纪律,就会成为一盘散沙,就不能战胜敌人。"他又告诉我革命军人应该自觉地遵守纪律。然后,他给我讲了一个邱少云在烈火烧身的情况下也不违反纪律的故事,我听了以后难过极了,一头扑到指导员怀里哭起来了。指导员给我擦干眼泪,安慰我说:"只要认识到错了,今后改正就行。"我牢牢地记住指导员的教导,从这以后,我再也没有违反过任何纪律。

入伍后不久,部队进行了社会主义教育,通过新旧社会的回忆对比和参观烈士墓,使我深刻地认识到在旧社会受苦难的不只是我一家,而是所有的劳苦大众……我们只有练好军事本领,保卫住可爱的祖国,才能使我国的劳动人民永远不再遭受苦难。

军事训练开始了,我一听说军事训练是学习保卫祖国的本领,我高兴极了,每天勤学苦练各种军事技术。在投手榴弹时,因为我个子小,臂力不大,总也达不到要求。一个革命战士如果在战场上掷不出手榴弹就消灭不了敌人,那怎么能行呢!于是,我起早贪黑地练习,常常晚上借着月光,偷偷地从床上爬起来,拿着手榴弹练起来。有时胳臂疼得很厉害,可是当一想到吃点苦、受点累是为了保卫祖国的时候,就是再疼一点,又算得了什么呢!经过一个时期的苦练,终于达到了要求,取得了实弹投掷的资格。在测验时,我准确地把手榴弹投到了"敌人"的碉堡里。

我入伍以后,指导员和其他首长经常给我们讲战斗英雄的故事,特别是当我接触了许多英雄、模范人物以后,他们的事迹和行为深深地感动了我。我时刻都以他们为榜样,在工作中埋头苦干。有一天,我看到厕所的粪池满了，第二天天不亮就悄悄地爬起来去掏厕所，干了一早晨，累得满头大汗还没掏出多少。起床后指导员发现了，他亲切地对我说："你这种工作热情是好的，可是光靠一个人的力量有限，只有把群众发动起来力量才是大的。"午休时间，在指导员号召下，大家一齐动手，不到一个小时就把厕所掏完了。这件事深深地教育了我，从此以后，我就事事都依靠群众，带动群众和我一起前进。只有大家都好了，才能完成保卫祖国的伟大事业。

## 在辽宁省实验学校的讲话[①]

（1961年1月5日）

我学习了《反对自由主义》。在我们那个班，有一个同志就是当面不说，背后乱讲，乱放空炮。我想，这就是犯了自由主义，我就拿来毛主席著作给全班同志念。我念了以后，大家都互相督促，对照毛主席反对自由主义十一条检查自己，鞭策自己。后来，我们大家掌握了批评与自我批评的武器，全班拧成一股绳，团结得特别好。

我学习了毛主席著作，有一句话，我印象最深刻。毛主席说：关心别人要比关心自己为重。我要时时刻刻按照毛主席的话来做。比如有一天我们上山去打猪草，我们早上吃了早饭去，走了十多里地到了大山上。我们中午都是带饭去的，12点钟吃饭的时候，有一个战友坐着看人家吃饭。我就问他饭哪里去了，他说他早晨吃了两盒饭，把饭带到肚子里来了。当时，我想到如果他中午不吃饭，会影响他的情绪。我又想到毛主席说的关心别人要比关心自己为重，就把我那盒饭送给他吃。我看到他把饭吃完了，吃得饱饱的，干活特别起劲，就感到非常高兴。

一次，发了大洪水，我们部队出发去防洪抢险。在艰苦的战斗中，连长看我个子小，不叫我跳下去，那里的水齐我这。我想到我一定要跳下去，我也想到在这样的艰苦环境下，一定要做好宣传鼓

---

[①] 本文根据雷锋的讲话录音整理，标题为编者所加。

动工作。因此，我就带领战友喊口号呀，唱歌子啦，这样，大家干劲就特别足啦。那天晚上还下着很大的雨，我看见了好人好事马上就表扬。我发现一个同志他的铁锹坏了，他就用手挖泥，我看这个事很好，马上到广播站去广播。当我走到堤上的时候，看到一个战友没穿雨衣，当时，下着很大的雨，我想毛主席教导关心别人要比关心自己为重，因此，把自己的雨衣脱下来送给那位战友穿上了。那一天晚上，整整地战斗了一夜。到第三天我生了病，一天没吃饭。连长叫我休息，我想到一定不能休息，一定要去干。在这个时候连长就叫来一个卫生员，他说："你来看着他，不叫他去。"那个卫生员把我拖到房里边，他就不让我去，看着我。

我走到房里以后，就打开自己的日记本，当时我看到了黄继光同志的英雄照片。我在入伍的时候，在《解放军画报》上找到黄继光那个英雄的照片，我把它剪下来粘在自己的日记本上，当作自己学习的榜样。我看到了他的照片以后，满身都是劲，一种无穷的力量鼓舞了我。我想到黄继光同志为了革命，为了人类的解放，他牺牲了自己的生命，我想到现在洪水在直接威胁着人民生命财产的安全，在这样的艰苦环境下，就是牺牲了自己也是光荣的，这是为了党的事业，为了人民。因此，我想到在这样艰苦的环境下，要下决心，绝对不能后退。后来，我和卫生员说："卫生员，你等一下，我去解手去。"我就借解手的机会，跑到工地上和大家一起又参加了防洪抢险的战斗。

党中央提出增产节约号召以后，我想自己一定要积极响应。我牢牢地记住了毛主席的教导。毛主席说："要使我国富强起来，需要几十年艰苦奋斗的时间，其中包括执行厉行节约、反对浪费这样一个勤俭建国的方针。"我想到应该积极地响应党的号召，就按照毛主席的话，按照党的教导、党的号召积极去做。我处处注意勤俭节约，处处注意不浪费。

7月份，我参加了（部队）体操运动员比赛大会。那时，天气比较炎热，好多同志比赛完了都出去买汽水喝。当时，我也很渴，也想买一瓶，我掏出了三角五分钱，但是我舍不得这钱哪。我想到一分钱、一角钱都是来之不易的，我也想到这三角五分钱可以买一个小笔记本子，学习文化。我就没有买，到外面找了一个凉水管子，漱一下口。

部队发给我的袜子，发给我的毛巾，发给我的衣服，发给我的皮鞋，用不完的我都存起来。当辽阳地区遭受灾害以后，我想到把这些东西支援灾区。后来，上级号召救灾，我就交了一套衣服、一双皮鞋，毛巾、袜子、手套都支援了灾区。

部队发给我的津贴费，我除了理发以外，就是买一些毛主席著作，买一些关于青年修养和党的知识的书。其他的钱我都存起来。从工厂到部队，整整两年，共节约了二百元钱。在当时，我又从报纸上看到全国都开展了轰轰烈烈的人民公社化运动。我想到，在部队驻地人民走上集体化道路的时候，自己做一点什么好呢？在这个时候我想到我自己一定要为人民公社献点礼物。这时候，我又想到自己几年来储蓄了二百元钱。我把这些钱都从银行里取出来，亲自送到了和平人民公社。当时，那个社主任不要。我说这些钱是党和毛主席给我的，过去我不但是看不着钱，连饭也吃不上。我说这二百元钱是支援你们的，我没有什么礼物给你们，就把这二百元钱给你们作礼物。我再三地央求，最后，人民公社收下了一百元。8月份，辽阳地区遭受特大洪水的灾害，我在报纸上看到了毛主席和党中央派来飞机，向灾区人民送衣服，送粮食。我想到党和毛主席对灾区人民这样的关怀，我也想到自己是一个人民的子弟兵，是无产阶级革命战士，人民的困难，就是我的困难，当人民有困难的时候，我决不能袖手旁观。因此，我又拿出那个公社没有收下的一百元钱，写了一封慰问信，一起寄到了辽阳市委，支援灾区。

十多年来，我在慈祥的母亲——伟大的中国共产党培养哺育下，一天天成长起来，由于政治觉悟和阶级觉悟的不断提高，光荣地加入了伟大的中国共产党。这是我永远不能忘记的日子。但是我想到距离一个党员的条件，还差得很远，我一定要向老战友学习，一定要做一个名副其实的共产党员。

十多年来，在党和毛主席的培养教育下，我深切地认识到，要想成长进步，要想为党做更多的工作，就必须读毛主席的书，听毛主席的话，按照毛主席的指示办事。这样，才能做毛主席的好战士。

党的培养教育，使我成长了。我为党为人民仅仅尽了自己一点应尽的义务，党和人民给予我很大的荣誉，我真为这个而惭愧。我每一点微小的进步和成绩，都应该归于不断培养教育我成长的党，都应该归功于热心帮助我进步的同志们。我对党这么一点点贡献，比起党对我的要求和希望还差得很远。我决心在今后，高举毛泽东思想红旗，时刻提高革命警惕，握紧手中武器，一定要将我们的革命进行到底，为彻底消灭帝国主义奋斗到底。

我一定要永远听毛主席的话，读毛主席的书，按照毛主席的指示办事，永远做毛主席的好战士。

最后，祝老师和同志们身体健康。

## 在沈阳军区工程兵部队第六届团代会上的发言提纲
（1961年4月29日）

（一）从什么时候开始学习？怎样学习的？

（二）学习了毛主席著作后，战胜了和泥的困难（冬天）。

（三）学习了《关心群众生活，注意工作方法》那篇文章后，帮助贫农吕常泰老大爷解决生活困难，送给他一件棉衣，一套单衣。

（四）学习《中国社会各阶级的分析》后，提高了认识。

（五）学习《关于正确处理人民内部矛盾的问题》，解决了×××同志的思想问题。

（六）学习毛主席说的怎样战胜困难后，战胜了投手榴弹的困难。

（七）学习《为人民服务》的文章后，在星期日休息时间带病帮助工人推砖；在乘火车时当服务员，解决旅客的困难，把自己的面包给一位老大爷吃，还给他一元钱买车票。

（八）学习《纪念白求恩》的文章以后，支援灾区。

（九）学习《毛泽东选集》第四卷后，对当前的国际形势和国内形势的认识。

（十）表示今后学习毛主席著作的决心。

学习毛主席著作，要学习毛主席的立场、观点和方法。要以具体问题为中心，到毛主席著作中找答案，按毛主席的指示办事。

学习公式：问题—学习—实践—总结。

1. 学习毛主席著作与改造自己的思想相结合，树立全心全意为人民服务的思想和辩证唯物主义世界观。

2. 学习毛主席著作与改进自己的工作结合。

3. 学习毛主席著作与搞好训练、提高技术结合。

4. 学习毛主席著作与学习国内外形势、党的任务、方针政策相结合。

## 对少先队员们讲纪律[①]
### （1961年6月）

我刚入伍的时候，还是一个很幼稚的青年，有时不自觉地就违反了纪律。记得一个星期日，我认为放了假，就可以随便外出了，谁也没有告诉，我就上街去照相。这件事被指导员知道了，吃过午饭就找我谈话。他搬一张凳子叫我坐下，和蔼地问我："雷锋，你今天上街请假了没有？"我难为情地回答说："没有。"

指导员说："这样不好哇，部队嘛，要有严格的组织纪律，不论做什么都要请示报告，星期天外出也要说一声。如果军队没有严格的组织纪律，就会成为一盘散沙，那怎么能战胜敌人呢！毛主席说，我们这个军队之所以有力量，是因为所有参加这个军队的人，都具有自觉的纪律。邱少云同志就是我们学习的榜样，他在战场上，敌人的燃烧弹烧着了他的衣服，可是，他为了不暴露目标，宁愿烈火烧身也一动不动，一直坚持到最后牺牲……"

我听到这里，心里难过极了，哭了。指导员又说："只要认识到自己错了，今后改正就行了，哭什么？"打那以后直到现在，我再没有违反组织纪律和各种制度。

---

[①] 本文是雷锋应邀到抚顺市望花区建设街小学和本溪路小学给同学们讲故事时所写的提纲。

## 在抚顺市第四届人民代表大会上的发言

### （1961年8月5日）

敬爱的上级党委，亲爱的全体人民代表：

我是沈阳军区抚顺驻军7343部队的一名战士，像我这样一个在旧社会要饭的穷孩子，今天能够参加这样的大会，心里有说不出的高兴。但是我又感到很惭愧。

我高兴的是：有党和毛主席的英明领导，自己当了家，做了国家的主人，有了说话的权利。

我感到惭愧的是：自己是个大老粗，是个不懂事的孩子，为党做的事太少了，比起各位代表，我差得太远了。我有决心向大家学习，请代表们多多指导和帮助。

为了更好地接受党的教育，求得大家的帮助，我想在大会上表示一下自己的决心。首先，我完全同意和衷心拥护王市长、赖副市长、史院长所作的报告，并且坚决认真贯彻执行。

亲爱的全体代表：我是一个孤苦的穷孩子。今天，我能参加这样的大会，是我做梦也想不到的。在吃人的旧社会，我一家人都死在帝国主义、封建主义、官僚资本主义的手里。我的爸爸因被小日本鬼子抓去毒打成疾致死。我的哥哥给资本家做工，被机器轧伤致死。我那三岁的弟弟被活活饿死了。……我七岁的时候，就成了一个无依无靠的孤儿。为了活下去，我只得给地主干活，吃不饱、穿不暖，天天挨打受骂。

解放后，党和毛主席救了我，不但给我吃的穿的，还送我上学读书。我高小毕业后，党又培养我当了技术工人。特别是我去年入伍后，由于党和部队首长对我的不断培养教育，同志们的帮助，不仅学会了一套保卫祖国的本领，而且大大地提高了政治觉悟。通过毛主席著作的学习，对问题的看法和认识，也更加清楚和明确了。

比如：去年我把几年来节约下来的二百元钱，送给了人民公社，公社不肯收，我再三要求，才留下一百元。去年8月，我在报纸上看到辽阳市遭到了特大洪水的灾害，我难过极了，心想我是人民的子弟兵，当人民遇到困难的时候，应该挺身而出，大力地支援，于是，我把公社未收下的那一百元钱又寄给了辽阳市委并写信慰问了遭灾人民。

今天，我虽懂得了一点道理，我做了我应该做的一些事情，但是比起党对我的要求，还做得很不够。我决心继续努力，不断前进。几年来，由于党和人民对我的信任，给了我很大的荣誉，而且我在去年加入了光荣伟大的中国共产党。我每一点微小的成绩和进步，都是党和部队首长不断培养教育的结果，是和同志们的帮助分不开的。党是我最慈祥的母亲，我所有的一切，都应该归功于党。

回想过去，看看现在，使我更加地热爱党、热爱毛主席。

今天，我衷心地感谢党救了我的命，感谢党给了我无产阶级思想，感谢政府对我无微不至的关怀和照顾，感谢人民对我的爱护。

为了不辜负党和人民对我的要求和期望，以及在这次大会的鼓舞下，我决心鼓足更大的革命干劲，努力学习马列主义和毛泽东思想，更好地为人民服务，在今后的工作和学习中，争取更大的成绩。我一定要时刻提高革命警惕，握紧枪杆，保卫我们的社会主义建设，保卫我们的祖国。我要永远忠于党，忠于人民，忠于保卫祖国的伟大事业，做毛主席的好战士。

最后祝大会胜利成功，全体代表身体健康！

## 在辽宁省暨沈阳市青年联欢会上的讲话
（1962年2月）

同志们：

我们出席沈阳部队首届共青团员代表会议的代表，今天晚上有机会和祖国的工业基地辽宁省和祖国最大的工业城市之一沈阳市的各界青年在一起联欢，感到特别地高兴。我们一来到沈阳，就盼望有这么一天，现在这个愿望终于实现了。辽宁省和沈阳市的青年同志无论在农村、在工厂、在商店、在机关、在学校、在祖国社会主义建设的各个岗位上，在党的领导下，在各方面都做出了出色的成绩。你们一向是我学习的好榜样。过去，我们经常从广播里，从报纸上，从首长的讲话中，从地方的青年的来信中，从参加祖国社会主义建设的劳动中经常听到或看到你们在英勇地劳动，积极地工作，刻苦地学习，这对我们是个很大的鼓舞。今天，又有机会跟你们在一起联欢，直接跟你们见面，向你们学习，真感到非常荣幸。

同志们，我们在党的领导和同志们的帮助下，虽然做了一点工作，但是比起党的要求还做得很不够，比起你们还差得很远。今后，我们一定要更好地向你们学习，与你们加强联系，并通过你们和所有的群众联系，老老实实，全心全意为党和人民做更多更好的工作。

## 做个优秀的辅导员①

（1962年6月29日）

5月28日，我接到共青团抚顺市委的通知，叫我参加本市召开的表扬奖励少先队辅导员大会。通知上说，把我也评上了抚顺市的优秀大队辅导员。看完这个通知，我的心啊，激动得好久还没有平静。

回想近两年以来，我被聘请为本市建设街小学和本溪路小学的校外大队辅导员后，在党的培养教育和支持下，尽自己的力量，利用业余时间和节假日的休息时间，帮助少先队开展了一些有益的活动，并给少年朋友们讲毛主席小时候的故事、战斗英雄故事，讲新旧社会对比等，启发他们的上进心和阶级觉悟。比如，本溪路小学有个叫刘静的同学，她在福中生，也在福中长，可是她不知旧社会的苦，也不懂得今天的甜，因此，在当前国家处在困难时期，她的思想有些波动，学习不够安心，工作不主动，成绩也不好。自从我和她谈了新旧社会回忆对比，加上老师的耐心教育和同学们的帮助，她有了转变，变成了一个好同学，加入了光荣的少先队，还担任了中队的文娱委员，学习成绩也取得了五分。

建设街小学有些小朋友爱花零钱。我给他们讲了解放军艰苦朴素、勤俭节约的故事后，对他们有很大启发。为了进一步使他们

---

① 本文是雷锋为出席共青团抚顺市委表彰少先队优秀辅导员大会所写的发言提纲。

了解点滴节约、积少成多的意义,我把他们带到部队,搬出自己的节约箱给他们看。有个同学看到我捡的大半箱牙膏皮,便惊奇地说:"哎呀!怎么捡这么多?"我对他说,这是我平时在水沟里、垃圾堆里一个个捡起来的。站在旁边的一位同学说:"真是滴水成河,积少成多呀!"当场有很多同学向我表示决心,一定做到勤俭节约,不乱花一分钱。过后,他们真的也做了节约箱,捡了不少碎铜烂铁、牙膏皮、螺丝钉等。他们的实际行动,真使我感到十分高兴,同时也使我受到了很大的启发。我想:孩子们处处向我们学习,那我们更应该好好地听党的话,积极工作,努力学习,提高自己,处处以身作则,以我们的模范行为去影响和教育他们。从此,我便时刻严格要求自己,老老实实地工作,更刻苦地学习,丰富自己的知识。和小朋友接触时,带他们做一些有益的游戏,教他们唱歌、跳舞、赛跑、做操、讲故事等。因此,小朋友非常愿意和我在一起,真是无话不说,非常团结;过去爱打架、吵嘴的小同学也都变了样。以前有几个不守纪律的同学,听我讲了邱少云的故事后,也都变得很文明、有礼貌了。这样一来,我和孩子们交上了知心朋友,建立了深厚的感情。有时我要上哪去开会或学习,他们知道后,总是把我围成一团,手拉手地把我送到车站,分别时总是恋恋不舍,有的同学还掉眼泪哩。

小朋友们对我这样好,使我更加热爱和关心他们,更感到自己责任的重大。我看到他们有什么困难,心里就过意不去。有个小朋友丢了一支钢笔,没笔做作业,我立即把自己的钢笔送给她，并鼓励她好好学习。她有了钢笔真是高兴万分，学习更加努力。有一次，她把考试成绩单送给我看，看她得了五分，我内心格外快乐。

两年来，在党的领导下，在同志们和老师们的帮助下，我协助少先队做了一点点本身应做的工作，党和共青团却给了我很大的荣誉。这荣誉应归功于党，没有党我一事也做不成。我衷心感谢党和共青团对我的鼓励和关怀。我决心听党的话，努力学习毛主席著作，用毛泽东思想武装自己的头脑，在任何艰苦和困难的情况下，毫不动摇，坚定不移地为伟大的共产主义事业奋斗到底。我决心更好地和小朋友们打成一片，帮助他们开展一些有益的活动。教育他们不忘过去，发愤读书，好好学习，天天向上。我要为培养共产主义的优秀接班人贡献自己的一点力量。

## 在望花区军烈属、复员退伍军人代表大会上的发言
（1962年8月1日）

亲爱的各位代表们：

正当全市人民轰轰烈烈地开展拥军优属活动，庆祝伟大节日——中国人民解放军建军三十五周年的时候，抚顺市望花区召开军烈属、复员退伍军人代表大会。这次会议的任务是：认真贯彻省市优抚会议精神，总结交流经验，改进工作，更好地调动全市军烈属、复员退伍军人在政治上和生产上的积极性，继承发扬革命优良传统，认清形势，努力生产，克服暂时困难，为支援前线、支援部队和社会主义建设事业做出更大的贡献。

这次会议的召开，又一次体现了党和政府对军烈属、复员退伍军人的亲切关怀。我们受大家的委托，怀着极其高兴的心情出席了这次会议。在会议期间，我们听取了赵区长、王政委的报告和陈书记的指示，使我们受到了莫大的启发和鼓舞，为此，我们提出如下倡议：我们坚决在党的领导下，鼓足干劲，力争上游，充分发挥生产积极性和创造性，在社会主义各项事业中做出优异成绩，争取更大光荣，用支援前线，支援解放军的实际行动来回答党和政府对我们无微不至的关怀。

为了实现上述目的，我们要保证做到：

（一）永远听党的话，努力学习马克思列宁主义和毛主席著

作，牢固地树立起全心全意为人民服务的思想，保持蓬勃的革命朝气，钻研业务，提高本领，服从领导，遵守纪律，用百折不挠的意志，克服前进道路上的一切困难。

（二）要密切联系群众，虚心地向群众学习，和群众打成一片，戒骄戒躁，在人民面前不摆架子，遇事同群众商量，与群众同甘苦共患难，随时随地都要接受群众的批评和监督。

（三）发扬勤俭建国，勤俭建军，勤俭持家，勤俭办一切事业的精神，永远保持艰苦朴素作风，厉行节约，反对浪费，爱护公物，树立坚定的共产主义思想，克服非无产阶级的思想意识。

## 雷锋报告录音[1]

### 录音（一）

　　1949年我的家乡解放，那时候有个地下党员叫彭德茂，他把我从深山里面找回来了，我想到从今天我就幸福了，就不会再受苦了。党不断给我吃的、给我穿的，还送我到学校念书。我第一次走进学校的时候，老师他给我两本新书，我看见人家都是要学费钱，我也没有钱，怎么办呢？我年纪很小，我也不懂事，就跑去问老师，我说老师，我没有钱，我念不起书。老师他就给我讲，孩子呀，你不要多心，这是党和毛主席叫你念书，一个钱也不要。我念一年级的时候，由于老师们对我的耐心培养和教导，以及同学们的帮助，同时，我自己也想现在能够念书了，一定要听老师的话，要好好听课，遵守纪律，要好好学好本领，将来好有本领为祖国、为人民服务。在那时候我就又下定决心，一定要好好学习，把功课学好，做毛主席的好学生。人家礼拜天休息我都不休息，回来后看书做作业。有时候晚上八九点钟还不睡，我每天作业都做完。从那以后，我有了决心把学习搞好，因此念一年级的时候我得了第一名。

### 录音（二）

　　在1956年年底，县委就把我调到望城县委会当警卫员，我走

---

[1] 本文摘自《雷锋志》，部分字词根据录音有改动。

进望城县的时候,看见大楼前挂了个牌子,上面写着"中共望城县委员会"这几个大字,当时我就特别高兴。我想到这样一个穷孩子,可以在这样的大机关里工作,这是我做梦也想不到的。由于张书记对我的耐心培养,同志们对我的帮助,我在1957年2月就加入了共青团。1958年我们的县团委发出号召,号召全县的青少年积极捐献资金,建立第一个青少年拖拉机站。我听到这个消息感到特别高兴,我想这个拖拉机我在学校念书的时候也学过,拖拉机犁地犁得好,功效高,但是我从来没有看过拖拉机,现在说要建立拖拉机站了,我感到特别地兴奋。我就想拖拉机站很快建好就好。那时候我在机关工作,每月刚二十九块钱,我一月领二十九块钱,我留下九块钱当伙食费,那二十块钱全部捐献买拖拉机了。后来,我们的拖拉机站就建好了,县委决定让我当拖拉机手,学开拖拉机,这个时候我就高兴坏了。我就想到这是党对我的培养,可得好好学习,到拖拉机站的时候那老师傅对我培养教导。我看到拖拉机的时候觉得要特别爱护,我当了一名拖拉机手了,这是我做梦也想不到的事,这时候我下定决心学好技术,把自己的知识献给农村。

## 录音(三)

在1958年11月15日,县委把我保送到鞍钢当工人。到鞍钢以后,那时太高兴了。从南方到北方,看到祖国的建设太自豪了,也真的感到党真的英明、真的伟大,领导全国人民把我们的社会主义建设得这么好。到鞍钢以后,我看到大机器,感到特别地高兴。领导把我送到鞍钢技校学习推土机,我每天除了工作八小时以外,下了班我还不回宿舍，我把自己的被子、褥子一起抱来了，抱到外车间，晚上要是睡了，就睡在外车间，我是干了八小时，我还想多干一点，再干他三四个小时。

1959年8月份，鞍钢要在辽阳扩建一个化工厂，当时我向厂党委写了决心书，要求参加扩厂建设，我又离开了鞍钢来到了辽阳参加扩厂建设。到了辽阳以后确实是很艰苦。我们都是住大帐篷，一个帐篷里住二三十个工人，我们车间也是搭上下铺，工作条件那就不用说了，每天要盖房子、抬石头、拾稻花、当瓦工，这也干，那也干，在这种情况下，我感觉这就是一个共青团员，我感觉到最艰苦的时候也是党考验我的时候到了。

我愿意在这里生根开花结果，我愿意在这里当一辈子工人。

## 录音（四）

到部队以后，我一是专心学习毛主席著作，虽然是到部队和地方不一样，地方的工作干了八个小时以后，时间自己支配，到了部队以后，简直忙得不可开交了。比如说，早晨什么时候起床，什么时候上课，什么时候吃饭，什么时候工作，什么时候学习，安排得很紧。我想到我要很好地学习，为了提高自己的觉悟，我一直挤时间学习毛主席著作。我在吃饭前、吃饭后，甚至开会前、上课前、出车前，还有休息、假日我都不休息，我抓紧时间看书。有时候，我晚上看，看到半夜，有些迷糊，我马上去打点凉水，洗洗脑袋，头脑清醒以后再看。为什么这样呢？我想自己的觉悟还很低，为了更好地为党工作，为了做个毛主席的好战士，那就非学不可，不学习就会落后。有时候，我们的部队到9点就熄灯，就看不成，那我就为了更好地学习，买了一个电棒，买了手电，到了夜里我把被子蒙着，在被里看书，由于党的培养教导，同志们的帮助，自己不断地学习毛主席著作，从工厂到部队入伍到现在，我已经学完了《毛泽东选集》一、二、三、四卷，就看到了我们将来共产主义建设，就看到了我们今天现在工人，怎样劳动，怎样工作。因此，我懂得了一个人要怎样活着，要怎么样树立正确的革命人生观。

# 书 信
SHUXIN

## 致中共辽阳市委的信
（1960年8月28日）

敬爱的辽阳市委：

我是7343部队15小队的一名新战士，我名叫雷锋，是今年1月从辽阳弓长岭矿入伍到部队的。部队党委和首长对我的不断教育和培养，使我的政治觉悟不断地提高，使我的思想和眼界变得更加开朗和远大。

现在党中央向全国人民发出了增产节约的号召。目前，在我们的部队里，已掀起了一个轰轰烈烈的增产节约的高潮。我是一个共青团员，我应该积极地响应党中央的这一号召，我看到最近以来，辽阳遭受了百年没有过的大洪水的侵袭，因此使国家和人民的财产受到了很大的损失。现在国家和人民有困难，我是一名中国人民解放军战士，我一定要挺身而出，以实际行动来支援灾区人民。

现在部队每月发给我们六元钱津贴，我每月除了理发花五角钱外，余下的钱我都存到储蓄所。入伍后我把在工厂时候攒的四十多元，都带到部队存到了储蓄所。我在部队短短的七个月里，又节约了津贴费三十多元，到现在为止，我已储存了一百元钱。

今天我怀着万分高兴的心情，将我节约的一百元钱寄给你们，支援灾区人民公社发展生产。

新生命是党给我的，党是我慈祥的母亲。我一定要听党的话，永远忠于党，忠于人民，为祖国的壮丽事业贡献我的一切力量。

最后请市委对我多多培养，使我不断前进。

此致

敬礼！

中国人民解放军

沈阳部队工程兵战士　雷锋

1960年8月28日

## 附录1：

### 中共辽阳市委致部队首长的信

7343部队首长并转15小队雷锋同志：

8月28日，雷锋同志给我们来了信，并随信寄来一百元钱，表示他对灾区的关怀和支援。雷锋同志能在我们遭受特大水灾之时，寄信和邮钱，从道义上和财力上支援我市灾区，这种崇高的阶级友爱精神，说明了一个问题：就是人民解放军作为人民的子弟兵，和人民有着密不可分的血肉联系，说明了我们的人民解放军有着一贯的与人民同甘苦共患难的光荣传统。雷锋同志能够有着至高无上的共产主义品德，也是党和部队长期教导的结果。

辽阳市遭受百年不遇的特大洪水灾害，受到严重损失。但是，在党中央、毛主席和省委、鞍山市委的亲切关怀和正确指导下，在人民解放军和兄弟市、县的大力援助下，抢救了被水围困的灾胞，减轻了洪水灾害的损失。同时中央和各兄弟市、县又运来了大批救济物资，安排了灾区人民的生活。目前，灾区人民在党的温暖和无微不至的关怀下，信心百倍，干劲十足，热烈响应党的号召，积极投入生产自救、重建家园运动。我们对雷锋同志寄来的款项不准备收留，并代表灾区人民向雷锋同志再一次地表示感谢，希望他能把钱继续存到银行里，支援国家建设。我们一定教育灾区人民，学习雷锋同志的阶级友爱和共产主义品格，鼓足更大的干劲，更加奋发图强，为彻底医治洪水创伤，重建辽阳幸福的新农村而努力。

此致

敬礼！

中共辽阳市委员会
1960年9月6日
（并附去汇款一百元）

## 附录2：

### 和平人民公社党委致部队首长的信

中国人民解放军7343部队各级首长同志：

在今年5月下旬的一天里，正当全市人民轰轰烈烈兴高采烈地迎接城市人民公社化的时候，人民的子弟兵和全市人民一样，欢欣鼓舞地迎接人民公社的建立。你部15小队雷锋同志，怀着兴奋的心情，带着他不知积蓄了多久的二百元人民币来到我社筹建办公室，为表示对党的人民公社化运动的拥护和对人民公社的无比热爱，要将自己积蓄的钱全部献给人民公社。他这种精神，使我们深为感动。为照顾到雷锋同志的日常生活用费和对家庭的照顾，我们没有接受这些钱，只是对这位优秀战士表示了我们的谢意。

　　雷锋同志是我们人民解放军中的一员，他这种崇高的共产主义风格，是党长期教育的结果，是人民军队里战士中的榜样，我们深信：雷锋同志这样的战士是很多很多的。

　　雷锋同志发扬了我军拥政爱民、军民一家的光荣传统，对于他这种崇高的品质，我们只有对党所教育培养的军队表示感谢！

　　此致
敬礼！

中国共产党抚顺市和平人民公社委员会<br>1960年11月11日

## 给抚顺市西部职工医院伤病员的慰问信

（1960年10月5日）

亲爱的阶级兄弟：

　　为祖国社会主义建设负伤和有病的休养员同志，这四块月饼是人民给我的，它使我想起了过去的苦，体验了今天的甜。因此，我很自然地想起了你们，请接受一个战士的心意吧……

　　此致

敬礼！

7343部队战士　雷锋<br>1960年10月5日

## 给战友的信

（1961年1月18日）

亲爱的战友们：

你们的来信我都已收到了，今天我怀着万分高兴的感激的心情，给你们写这封信。首先让我向你们致以衷心的感谢。

你们的信我不止看过一遍呢！有的信我一连看了好几遍。比如我看了王平战友的来信后，心中有一种说不出的高兴。他愿意与我做一个永远知心的朋友，还向我提出了挑战，并保证学好军、政、文和毛主席著作……坚决完成党交给的1961年各项训练工作任务，做出优异的成绩，向党的四十周年献礼。像这样的信还有许多哩！我千言万语也表达不完。你们的每一句话，每一条竞赛条件都给我今后的工作和学习带来了莫大的鼓励和力量。

我是一个孤儿，在旧社会受尽了折磨和痛苦。解放后，在党和毛主席的哺育下，一天天地成长起来。我深深懂得了社会主义的今天，是由无数的革命先烈和战友的艰苦奋斗、英勇牺牲得来的。今天我连脚上穿着一双普通的鞋子也感到是一种莫大的幸福，现在我们还有皮鞋哩。比起我在旧社会光着脚到地里……上山砍柴，真是好上天了。这样，不能不使我更加热爱党，热爱社会主义，热爱新社会。每当我看到我们祖国的变化，看到祖国的新成就，都使我从心眼里感到高兴，从而更加认识到党的英明、伟大和正确。

党发出增产节约、勤俭建国的号召后,我心想我一定要做出一点点成绩。于是我处处坚持认真地从小处着手、从大处着想的行动原则,做到了在外出到团里开会,在路上看见了一堆漏掉的水泥,就掏出手帕包了起来,散会后,我把水泥带回装进了我做的节约箱子里。我做了这么一点小事,指导员表扬了我,这使我感到惭愧,倒不好意思了。指导员热情地把我拉到一边,并亲切地对我说:"小雷呀!应该这么做。不过要想更好地为党工作,更快地进步,最重要的是要加强理论学习,提高政治觉悟。"

入伍一年来,由于党和首长对我的培养教导,战友的热情帮助,使我提高了政治觉悟。因此学习和工作做出了一点点成绩。特别是1960年11月8日,是我永远不能忘记的日子,这天我光荣地加入了伟大的中国共产党!这一切都是党和首长对我亲切教导、同志们热情帮助的结果。我这么一点的成绩,比起党对我的要求,同志们的期望,还做得很不够。

今后我要更好地学习毛主席著作,听党和毛主席的话,虚心向大家学习,特别是请大家今后多来信帮助我,我诚恳愿与你们做一个知心朋友。

让我们共同携起手来,发愤图强,艰苦奋斗,响应党的增产节约的号召,克服目前的困难,争取在1961年做出更大更好的成绩。让我们更高地举起毛泽东思想红旗,为保卫祖国,建设社会主义,实现共产主义社会而奋勇前进吧!

此致

敬礼!

敬祝你们身体健康,乘胜前进!

战友　雷锋
1961年1月18日

## 给建设街小学全体少年朋友的信

(1961年1月)

亲爱的少先队员同学和全体少年朋友们：

我于本月初，离开了抚顺来到军区，因为时间紧迫，没能来得及向小朋友告别，请小朋友多加原谅。我很想你们，但我的工作很忙，又不能马上回去看你们，因我要先后到大连、营口、辽阳、哈尔滨等地去作报告，等我回来的时候要拿我的工作成绩见你们，你们也要拿优秀的学习成绩向党汇报，咱们要比一比看谁的成绩最大。小朋友们，你们要好好学习，天天向上，听党的话，做毛主席的好孩子。最后祝全体少先队员同学们、全体小朋友们学习进步，生活愉快，身体健康！

大朋友——雷锋

## 一封祝贺信

（1961年2月15日）

今天是古历大年初一，全连的同志都高高兴兴地到和平俱乐部看剧去了，我呢？为了在春节期间给人民做一件好事，吃过早饭后，我背着粪筐，拿着铁锹到外地捡粪，大约捡了三百来斤粪，我送给了抚顺望花区工农人民公社，并给公社党委和社员写了一封这样的祝贺信：

敬爱的工农人民公社党委和全体社员们：

你们好！在这新春佳节里，我怀着万分高兴的心情给你们写这封信，首先向你们致以亲切的慰问！工作紧张吗？生产忙吧？生活愉快吗？一切都好吗？祝你们在春节里身体健康，节日愉快！

我是人民的子弟兵，我一定要握紧枪杆，保卫我们的社会主义建设，保卫世界和平。我要永远忠于党，永远做好人民的勤务员，我愿为党和人民的事业，献出自己的一切，直至生命。

为了贯彻和执行党中央八届九中全会的公报和决议，以粮为纲，"国民经济以农业为基础的方针"，我是一个共产党员，应该积极行动。为此，我利用春节放假期间，捡了几百斤大粪送给你们公社，支援农业，我用这几百斤大粪作为春节献给你们的礼物，表表自己的心意。

敬爱的公社党委和全体社员们：让我们在党和毛主席的英明领导下，发愤图强，艰苦奋斗，鼓足冲天的革命干劲，克服目前暂时的困难，为争取今年农业大丰收而奋斗吧！

此致

革命敬礼！

祝你们，春节愉快，身体健康！

抚顺市望花区<br>
7343部队15小队战士　雷锋<br>
1961年2月15日

附录：

## 工农人民公社党委致部队首长的信

7343部队首长：

兹有你部战士雷锋同志，在春节假日期间没休息，不辞辛苦地到处捡粪，共达八百多市斤，无代价地从两公里远的地方送来我公社，支援大办农业大办粮食。雷锋同志执行党的以粮为纲的实际表现，是值得学习和表扬的。雷锋这种高尚的品德，是和党的培养、你部的教育分不开的，因此我公社党委对你部和雷锋同志高尚品德表示衷心敬佩和感谢！

此致

敬礼！

中国共产党抚顺市工农人民公社委员会<br>
1961年3月2日

## 一封慰问信

（1961年2月16日）

敬爱的西部医院全体休养员同志们：

你们好，在这新春佳节里，我十分想念你们。俗话说："每逢佳节倍思亲。"我呢？从小就失去了自己的父母哥弟，剩下了孤孤单单的我，在旧社会，过着人不如狗的苦日子。解放后，在党和毛主席的抚育下，我从一个幼稚无知的穷孩子，成长为一名解放军战士，光荣的共产党员。今天党和毛主席就是我慈祥的母亲，全国六亿多人民就是我的阶级兄弟，在这革命的大家庭里，让我们共同欢度新春佳节吧。

今天我怀着万分高兴的心情给你们写这封信。首先向你们致以亲切的慰问和祝贺！精神愉快吧？生活过得好吗？一切都好吗？祝你们早日恢复健康，节日愉快。

我是人民的子弟兵，我一定要握紧手中武器，保卫我们的社会主义建设，保卫世界和平。我要永远忠于党，永远做人民的勤务员。我愿为党和阶级的最高利益牺牲自己的一切直至生命。在这新春佳节里，我非常想念你们，只有把自己领到的一斤苹果作为春节送给你们的礼物，以表表自己的心意。

此致

敬礼！

祝你们春节快乐!

7343部队战士　雷锋

1961年2月16日

## 给荷叶坝完全小学的信

（1961年4月2日）

敬爱的母校老师及亲爱的全体同学们：

你们都好吗？让我们紧紧地握手吧！……为了更好地请老师们多指教及同学们多帮助，因此，我把自己的一切情况，简单地向你们汇报一下……我每一点微小的成绩和进步，都是党培养教育、同志们帮助的结果，是和母校老师们的耐心教育分不开的。……我有千言万语想向你们汇报，可是因我今天太激动、太高兴了，不知说啥好……

此致

敬礼！

雷锋

1961年4月2日

## 给曹进财等同学的信[①]

（1961年6月4日）

亲爱的曹进财等九名同学：

你们好！紧紧地握手吧！

来信我于今天已收到了。你们的信，我不止看过一遍呢，而是一字字、一句句读了无数遍……你们的每一句话，对我的工作、学习等各方面都有很大的鼓舞，对我的启发和帮助甚大。为此，我表示衷心的感谢。

今天，我怀着十分高兴的心情给你们写这封信，并向你们致以亲切的慰问和衷心的祝贺。近来你们的学习紧张吗？工作忙否？身体都健康吧？生活过得咋样呢？一切都好吗？祝你们努力学习，好好劳动，练好身体，永远做毛主席的好学生。

亲爱的同学们，我是一个孤苦的穷孩子，从小失去父母哥弟，受尽了旧社会的折磨和痛苦。解放后，我在党和毛主席的不断哺育和教导下，居然长为一个国防军战士，光荣的共产党员。要是没有党，我很难想象到自己的一切。我每一点微小的成绩和进步都是党不断培养教导、同志们帮助的结果。我所有的一切，都是属于党的。最后，我请你们多指导和帮助。我决心向你们学习，让我们携起手，共同进步。

---

[①] 此信是雷锋写给天津市红桥区西于庄小学六年级曹进财、邱金娥等九名同学的回信，雷锋还随信寄去了一张擦洗汽车的照片。

祝你们学习猛进!

敬礼!

7343部队　雷锋

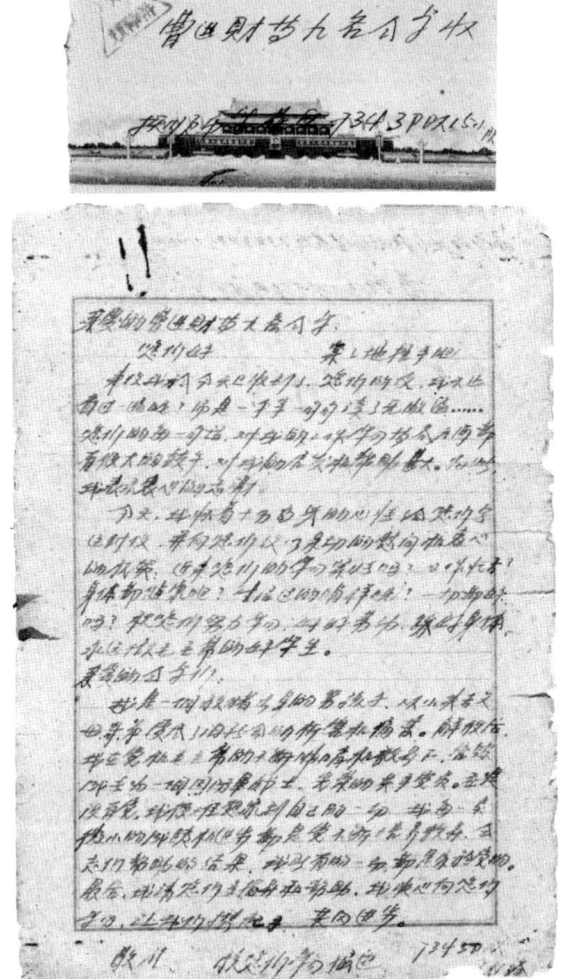

雷锋给曹进财等同学的信手稿

## 给郑树信的信①
（1962年3月10日）

亲爱的郑树信同志：

您好！来信已收到。您的信我一连读了好几遍，越读越高兴，越读越有劲，真是越读越想读哩！……您的每一句话对我的工作学习等各方面都有很大的启发和帮助，对我的鼓舞甚大。为此，我表示衷心的感谢。

今天，我怀着万分高兴的心情给您写这封信，并向您致以亲切的慰问和热情的祝贺。

近来工作忙吗？学习紧张吗？身体好吗？生活怎样呢？一切都好吧。预祝你在伟大的1962年里创造出更多更好更新的奇迹。

为了更好地向您学习，现将近来情况简单向您汇报一下：目前，我们正在进行国防建设，特别是我们运输连，更为繁忙，白天黑天都要执行任务。虽然任务重，时间紧迫，但我们感到，这是一个最好的锻炼机会。我们一定要练出过硬的本领，熟练地掌握驾驶技术，圆满完成各项任务。尽管工作再忙，我还是坚持每天半个小时的"毛著"学习，坚持天天做早操，练单双杠，所以身体还很结实。我们的生活过得很不错，精神很愉快。总之，一切都顺利如

---

① 此信是雷锋写给一起出席沈阳军区首届共青团代表大会的战友郑树信的信。

常，请勿念。

今后，让我们加强联系，紧紧地携起手来，互相帮助，互相鼓励，共同进步。

此致

敬礼！

祝您身体健康！

同志　雷锋忙草<br>1962年3月10日

## 给文淑珍[①]的信

（1962年3月18日）

敬爱的淑珍同志：

您是知道的，过去，我和您一样，是个穷光蛋，从小就失去父母，只得到处流浪。现在我们成了国家的主人，过上了好生活，这一切，都是党和毛主席给我们带来的啊！党的恩情比海深，我们永远不能忘……

我们都没有父母，都受过旧社会的苦，也都是在党的培养教导下成长起来的青年。可是，您懂的道理比我多，做的工作比我好，创造的成绩比我突出，对党的贡献比我大，您的进步比我快……总之，您的一切都比我好。因此，有机会您多加帮助和指导。

我们虽然不在一起生活，工作也不同，但是我们的奋斗目标是一致的，我们的心是紧紧相连的。让我们高举毛泽东思想红旗，紧紧地握起手而共同奋斗吧！

此致

敬礼！

祝好！

战友　雷锋草<br>1962年3月18日

---

[①] 文淑珍，时任长海县獐子岛"三八"号渔船船长兼民兵连连长。1962年2月，以民兵共青团员代表身份出席沈阳军区首届共青团代表大会。

## 给郑树信的信

（1962年4月12日）

亲爱的郑树信同志：

您好，紧紧地握手吧！

来信和礼物都收到了，感谢您对我的热情关怀和帮助。您的来信我不止看过一遍，而是一字字一行行地念了无数遍。您的每句话对我的工作、学习等各方面都有很大的鼓舞，对我的启发和帮助甚大。特别是您给我寄来的礼物，更使我感激不尽。

亲爱的郑树信战友：自上次会议咱俩见面，直到现在，我无时不在想念您。咱俩在一起的时间虽短，但是您的一举一动、一言一语，都给我留下了深刻的印象。您对同志无限热忱，对党无比忠诚的精神，值得我永远学习。我能与您交上朋友，感到非常荣幸。

为了更好地向您学习，以求得您帮助，我怀着万分高兴的心情写信向您汇报：

自从上次我在沈阳开完会后，就离开了连队，到外地单独执行运输任务。现在我们的工作很紧张，白天黑夜出车，简直忙得不可开交。我们在任务重，道路复杂，困难很多的情况下，圆满地完成了上级交给我们的各项运输任务。在这段时间里，提高了技术，在艰苦的环境里锻炼了自己的意志，改造了思想，我很希望经常这样。

目前，我的工作学习都比较忙，身体这段时间还很结实，生活过得很不错，精神非常愉快。总之，一切都好，请勿念。

最后，让我们紧紧地携起手，为人类的解放事业——共产主义事业而共同奋斗吧！

此致

敬礼！

祝好！

战友　雷锋<br>1962年4月12日

## 给王元朝的信[①]
（1962年5月9日）

亲爱的王元朝同志：

您好！紧紧握手吧！来信收到，看后极为感动。您的话对我的工作、学习等各方面都有很大的启发和帮助，同时给了我莫大的鼓舞和力量，为此我表示衷心的感谢！我们互相认识并不太久，只不过在沈阳开团代会短短几天里，由于共同的理想和一致的奋斗目标使我们的心紧紧相连，使我们在阶级友爱的基础上建立了深厚的革命友谊，我愿这革命友谊像松柏一样永远长青。

我们都是无产阶级革命战士，我们的理想就是要消灭阶级，消灭剥削，实现共产主义。但是要使我们的理想变为现实，不是一帆风顺的。正如毛主席说的："任何新生事物的成长都是要经过艰难曲折的。在社会主义事业中，要想不经过艰难曲折，不付出极大努力，总是一帆风顺，容易得到成功，这种想法，只是幻想。"因此，我们在前进的道路上，困难总是免不了的。但是困难对我们来说是没有什么了不起的，任何困难也只是暂时的，是能够克服的，只要我们了解到困难是客观存在的，是能够克服的，那么我们就能够在困难当中鼓足勇气，去战胜它，去克服它。我为什么要和您谈

---

① 此信是雷锋写给一起作为特邀代表出席沈阳军区首届共青团代表大会的战友王元朝的信。雷锋先后给王元朝写过三封信，这是第三封。

这个问题呢？我想当前我们国家正处在困难时期，我们在工作、学习和生活中也免不了困难，我们互相谈谈对事物的认识和感想是有益的。您说对吗？

我为了更好地向您学习，以求得您的帮助，现将本人的情况向您汇报：我于3月16日离开了连队，配合团部单独执行任务，到目前为止，我安全行驶一千八百多公里，顺利和超额地完成了上级交给的各项运输任务。当前，我的工作、学习比较忙，精神很愉快，身体很好。一切如常，请勿念。

时短言长，就此停笔。

此致

敬礼！

战友　雷锋<br>1962年5月9日

## 给雷明光的信

（1962年6月26日）

三叔：

您好！

近来身体好吗？工作忙吧？精神愉快吧？生活过得怎样呢？一切都好吧？因我工作调动，加之任务繁重，时间紧迫，很久没给您写信，对不起，请原谅吧！

由于党和上级首长对我的信任和重视，要把我培养成为一个党所要求的又红又专的共产主义接班人，因此，对我的成长和进步特别地关心，曾几次调我到外地学习，以提高我的政治觉悟和理论水平，分配我带领一个班在外地执行国防施工任务。在紧张的工作和艰苦的环境下，以培养我们艰苦奋斗的作风，锻炼我们的革命意志，更重要的是，培养和提高我们的军事技术……为解放台湾、保卫祖国而增强本领。

由于党的培养教育，同志们的帮助，加上自己在实践中的刻苦锻炼，使我的工作、学习、军事技术等各方面都有很大的提高和进步。就拿军事技术来说：在教员和同志们的指导和帮助下，加上自己天天练，因此技术提高较快，从3月16日到今天为止，我驾驶的汽车已安全行驶了四千多公里，没发生事故，圆满地完成了各项运输任务，现在正准备迎接新的任务。我决心继续努力，争取更大的成绩。

  目前我的身体非常结实，精神饱满，生活过得很愉快，总之一切都很顺利。请勿挂念。

  此致
敬礼！

  祝好！

侄儿　雷锋
1962年6月26日

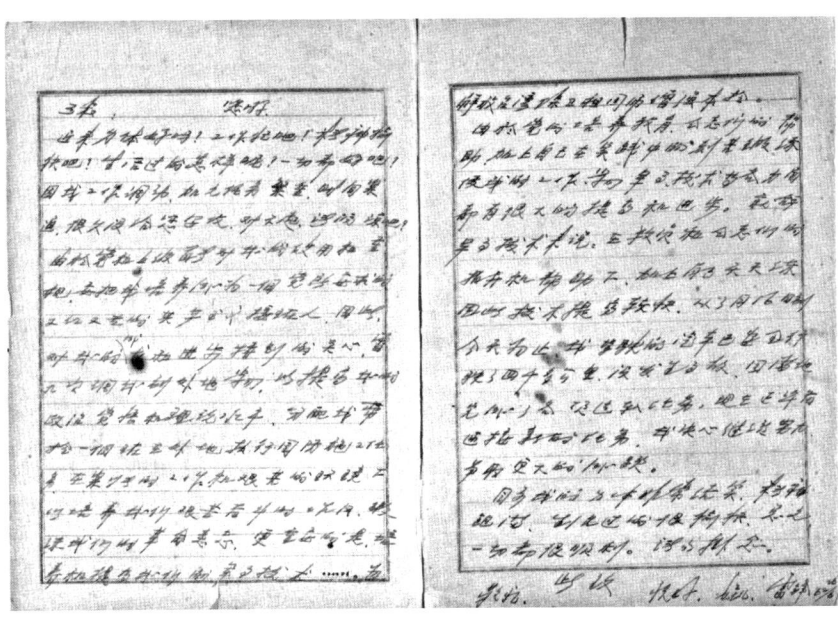

雷锋给堂叔雷明光的信手稿

# 赠 言
ZENGYAN

赵干事（排长）同志：让我们革命友谊之花朵，永远盛开。

——1960年12月6日给赵盛治①的赠言

愿你作暴风雨中的松柏，不愿你作温室中的幼苗。

——1960年12月15日给王茂春②的赠言

赠给敬爱的老英雄，您是我永远学习的榜样，我请您多多教育，并使我不断前进。

——1961年2月3日给郅顺义③的赠言

赠给建设街小学的全体少先队员：让我们革命友谊之花朵永远盛开。

——1961年3月21日给建设街小学学生的赠言

金光玉同学：希望你好好学习，好好工作，练好身体，永远做毛主席的好学生。

——1961年5月25日给金光玉④的赠言

---

① 赵盛治，时任沈阳军区舟桥某团政治处宣传干事。
② 王茂春，时为沈阳军区后勤部战士。
③ 郅顺义，董存瑞的战友、全国战斗英雄。
④ 金光玉，时为抚顺市朝鲜族学校少先队副大队长。

愿你插上幻想的翅膀，去探索大自然的奥秘，长大成为一名科学家。

——1961年5月给王文阁①的赠言

冯健姐姐，我永远向你学习，为共产主义奋斗终身。

——1961年6月4日给冯健②的赠言

我一定永远听党的话，听毛主席的话，听首长的话，永远忠于党，忠于人民，做毛主席的好战士。

——1961年11月22日给王良太③的赠言

希望你努力学习，好好劳动，练好身体，做毛主席的好学生！

——1962年1月27日给张玄④的赠言

赠给：刘兴华战友，让我们互相帮助，共同进步。

——1962年2月11日给刘兴华的赠言

杨德志同志：你是优秀的共青团员，是党的好儿女，是我学习的好榜样，愿你的青春像鲜花一样，在祖国的土地上发散着芬芳，在保卫祖国的战线上多立功勋。

——1962年2月21日给杨德志⑤的赠言

---

① 王文阁，时为抚顺市望花区建设街小学学生。
② 冯健，时任望城县西塘高级农业社第二社社长。
③ 王良太，时任沈阳军区工程兵主任，少将军衔。
④ 张玄，时为抚顺市望花区会元堡小学学生。
⑤ 杨德志，沈阳军区首届共青团代表大会特邀代表。

亲爱的刘成德战友：你是优秀的共青团员，是我永远学习的好榜样，为了共同完成党的事业，我给你留下几句话：我觉得一个革命者，就应该把革命利益放在第一位，为党的事业贡献自己的一切，这才是最幸福的。

——1962年2月22日给刘成德①的赠言

我是苦里生来甜里长，没有大"我"无小"我"，党和人民给了我一切，我要把一切献给人民，献给党。

——1962年2月22日给廖初江②的赠言

周恒卿同志：你是优秀的共青团员，是我学习的好榜样。请你多多帮助我，让我们共同前进。

——1962年2月22日给周恒卿③的赠言

刘胜利同志：请你记住，伟大的理想生于伟大的毅力。祝你在学习战线上创造奇迹。

——1962年2月22日给刘胜利④的赠言

你是优秀的共青团员，是我学习的好榜样。愿你的青春像鲜花一样，永远在祖国的土地上发散着芬芳。

——1962年2月24日给崔娴维⑤的赠言

---

① 刘成德，沈阳军区首届共青团代表大会代表。
② 廖初江，沈阳军区首届共青团代表大会代表，被誉为"学习毛主席著作标兵"。
③ 周恒卿，沈阳军区首届共青团代表大会代表。
④ 刘胜利，时为沈阳市八一中学学生，参与沈阳军区首届共青团代表大会接待工作。
⑤ 崔娴维，沈阳军区首届共青团代表大会代表。

我觉得，一个革命者活着，就应该把自己的毕生精力和整个生命为人类的解放事业——共产主义全部献出。

——1962年2月24日给任宝林①的赠言

让我们携起手来，做一颗永不生锈的螺丝钉！

——1962年2月24日给刘思乐②的赠言

亲爱的宋清梅同志，送你几句话：一个革命者，就应该把自己的毕生精力和整个生命为人类的解放事业——共产主义全部献出。

——1962年2月26日给宋清梅③的赠言

请你记住：伟大的理想，产生伟大的毅力，愿你在保卫祖国的岗位上，创造出奇迹。

——1962年2月26日给姚桂琴④的赠言

好好学习吧，书是知识的宝库。

——1962年2月26日给李凤琴⑤的赠言

让我们更高地举起毛泽东思想伟大红旗乘胜前进。

——1962年2月26日给谢桂香⑥的赠言

---

① 任宝林，时任炮兵某部副班长，沈阳军区首届共青团代表大会代表。
② 刘思乐，时任沈阳军区炮兵5040部队炊事班长，沈阳军区首届共青团代表大会代表，被誉为"永不生锈的螺丝钉"。
③ 宋清梅，沈阳军区首届共青团代表大会代表。
④ 姚桂琴，沈阳军区通信总站长话连战士。
⑤ 李凤琴，沈阳军区通信总站长话连战士。
⑥ 谢桂香，沈阳军区通信总站长话连战士。

我觉得，一个革命者应该把革命放在第一位，为党的事业贡献自己的一切，这才是最幸福的。

——1962年2月26日给于海琴①的赠言

文淑珍同志：你是党的优秀儿女，是毛泽东时代的英雄，是我永远学习的好榜样。让我们更高地举起毛泽东思想红旗，为人类的解放事业——共产主义而共同奋斗吧。

——1962年2月26日给文淑珍的赠言

让我们更高地举起毛泽东思想红旗乘胜前进。

——1962年2月26日给董滋仲②的赠言

齐正莲同志：愿你的青春像鲜花一样，永远在祖国的土地上发散着芬芳。

——1962年2月26日给齐正莲③的赠言

李维英同志，请你记住这句话：伟大出于平凡。我衷心地祝你，在平凡的工作中，创造出不平凡的奇迹。

——1962年7月19日给李维英④的赠言

---

① 于海琴，沈阳军区通信总站长话连战士。
② 董滋仲，沈阳军区首届共青团代表大会代表。
③ 齐正莲，时为沈阳军区护士学校学员，沈阳军区首届共青团代表大会代表。
④ 李维英，时为铁岭县七中毕业学生。

# 雷锋生平年表

### 1940 年

12月18日，出生于湖南省望城县安庆乡（今长沙市望城区雷锋街道）简家塘一户贫苦农民家庭。这一年系农历庚辰年，父母给他取乳名"庚伢子"。

### 1944—1946 年

父亲、哥哥、弟弟相继去世。

### 1947 年

9月，母亲含恨自尽，年仅七岁的雷锋成为孤儿。

### 1949 年

8月，长沙和平解放，雷锋被推荐为儿童团大队长。

### 1950 年

9月，到龙回塘小学（原刘家祠堂）上学读书。

### 1951 年

3月，在土地改革中，分得水田二亩四分、山林四亩八分、山地三亩五分、茅屋三间。

### 1952 年

9月，因龙回塘小学校舍要另作他用，转到上车庙小学就读。

### 1953 年

2月，因上车庙小学校舍拆除，转到向家冲小学就读。

### 1954 年

9月，考入清水塘完全小学。

10月，加入少年先锋队，被选为中队委员。

### 1955 年

3月，转到荷叶坝完全小学就读。

### 1956 年

7月15日，从荷叶坝完全小学毕业。

7—8月，在生产队担任记工员，出任乡政府通讯员。

11月17日，到中共望城县委机关担任通讯员。

### 1957 年

2月8日，加入中国新民主主义青年团。

11月下旬，到望城县治沩工程指挥部担任通讯员。

### 1958 年

2月，参加团山湖农场围垦建设，被安排学开拖拉机。

3月16日，在《望城报》发表第一篇文章《我学会开拖拉机了》。

6月7日，写下短文《你带来了什么》（即《雷锋七问》）。

10月下旬，报名去鞍钢当工人，把名字改为"雷锋"。

11月中旬，前往鞍钢途中，在武汉长江大桥、北京天安门广场留影。抵达鞍钢后，被分配到化工总厂洗煤车间当推土机手。

## 1959 年

8月中旬，报名到鞍钢弓长岭铁矿参加新建焦化厂工作。

12月10日，在弓长岭铁矿矿报《弓长岭报》上发表参军决心书《我决心应召》。

## 1960 年

1月8日，入伍第一天，作为新兵代表在沈阳军区工程兵工兵第十团欢迎新兵大会上发言。

3月上旬，新兵连训练结束后，被分配到工兵第十团运输连当汽车兵。

7月8日，获得工兵第十团颁发的三等功奖状。

7月12日，被授予上等兵军衔。

7—8月，被列为党员发展对象。

9月，被工兵第十团树立为"节约标兵"。

10月1日，获得工兵第十团颁发的二等功奖状。

10月10日，被抚顺市望花区建设街小学聘为校外辅导员。

11月8日，经运输连支部党员大会讨论通过，加入中国共产党。

11月23日，被沈阳军区工程兵党委授予"模范共青团员"称号。

### 1961年

4月15日，被抚顺市望花区本溪路小学聘为校外辅导员。

4月29日，出席沈阳军区工程兵部队第六届共青团代表大会。

5月14日，被任命为运输连四班副班长。

6月1日，晋升为下士军衔。

8月3日，出席抚顺市第四届人民代表大会第一次会议。

8月，被任命为运输连四班班长。

11月20日，获得沈阳军区政治部颁发的三等功喜报。

### 1962年

1月27日，晋升为中士军衔。

2月14日，出席中国共产党沈阳军区工程兵工兵第十团代表大会。

2月19日，作为特邀代表，出席沈阳军区首届共青团代表大会，被选为主席团成员。

4月27日，作为特邀代表，出席抚顺市望花区第四次人民代表大会。

5月28日，被共青团抚顺市委授予"少先队优秀辅导员"称号。

8月15日，因公殉职，年仅22岁。

# 参考文献

1. 《雷锋日记》，雷锋著，解放军文艺出版社1963年版。

2. 《雷锋日记选》，总政治部编，解放军文艺出版社1989年版。

3. 《雷锋轶事》，雷锋学校主编，胡道明执笔，湖南人民出版社2003年版。

4. 《雷锋全集（珍藏版）》，雷锋著，邢华琪编，华文出版社2012年版。

5. 《永恒的丰碑：雷锋日记和雷锋故事集》，总政治部组织部编著，解放军出版社2012年版。

6. 《雷锋志》，修订《雷锋志》编撰委员会编，白山出版社2013年版。

7. 《雷锋日记（中英文对照）》，雷锋著，辽宁人民出版社2020年版。

8. 《雷锋作品选集》，湖南雷锋纪念馆主编，湖南师范大学出版社2020年版。

本作品中文简体版权由湖南人民出版社所有。
未经许可，不得翻印。

**图书在版编目（CIP）数据**

雷锋文稿 / 雷锋著. —长沙：湖南人民出版社，2023.3
ISBN 978-7-5561-3169-3

Ⅰ．①雷⋯　Ⅱ．①雷⋯　Ⅲ．①雷锋（1940—1962）—文集　Ⅳ．①D648-53

中国国家版本馆CIP数据核字（2023）第024311号

LEI FENG WENGAO

**雷锋文稿**

著　　者　雷　锋
出版统筹　黎晓慧　陈　实
监　　制　傅钦伟
产品经理　潘　凯　杨蕙萌
责任编辑　潘　凯
责任校对　丁　雯　唐水兰　蔡娟娟
封面设计　陶迎紫

出版发行　湖南人民出版社［http://www.hnppp.com］
地　　址　长沙市营盘东路3号
电　　话　0731-82683346
邮　　编　410005

印　　刷　深圳市彩之美实业有限公司
版　　次　2023年3月第1版
印　　次　2023年3月第1次印刷
开　　本　710 mm×1000 mm　1/16
印　　张　24
字　　数　250千字
书　　号　ISBN 978-7-5561-3169-3
定　　价　98.00元

营销电话：0731-82683348（如发现印装质量问题请与出版社调换）